Auswärtiges Amt

1943 Nr. 8

Dokumente über die Alleinschuld Englands am Bombenkrieg gegen die Zivilbevölkerung

Achtes Weißbuch der Deutschen Regierung

Archiv-Edition

Das Buch dient dokumentarischen und wissenschaftlichen Zwecken, die Auswahl der Dokumente findet nicht die ungeteilte Zustimmung des Verlags.

Reihe *Kriegsursachenforschung*
Band 9

Faksimile
der vom Auswärtigen Amt der Deutschen Regierung
herausgegebenen Originalausgabe,
wie sie 1943 in Berlin gedruckt wurde.

1995

Archiv-Edition, Verlag für ganzheitliche Forschung
25884 Viöl
Eigendruck

ISBN 3-927933-66-X

Dokumente über die Alleinschuld Englands am Bombenkrieg gegen die Zivilbevölkerung

Uebersicht

Gegensätzliche deutsche und englische Vorschläge zur Frage der Bombardierung aus der Luft auf der Abrüstungskonferenz

Die deutsche Staatsführung hat schon in der Epoche, als sie nach der Deutschland durch das Versailler Diktat aufgezwungenen einseitigen Abrüstung um ihre Gleichberechtigung auf militärischem Gebiet kämpfte, stets mit allen ihr gegebenen Mitteln darauf hinzuwirken gesucht, bindende Verpflichtungen zwischen den Staaten zu einer humanen und ritterlichen Kriegführung herbeizuführen. Alle diese Bemühungen sind allein an dem Widerstand der Mächte gescheitert, die Deutschland jetzt als Kriegsgegner gegenüberstehen. Das gilt auch von den vielen Versuchen, die in dieser Beziehung von deutscher Seite auf dem Gebiete der Luftrüstung gemacht worden sind.

Dieser grundsätzlichen Einstellung der Deutschen Regierung entsprachen die auf der Abrüstungskonferenz in Genf von der deutschen Delegation gemachten Vorschläge, die ein totales Verbot der Unterhaltung jeglicher Luftstreitkräfte forderten, und für den Fall der Nichtannahme dieses Vorschlages, das Abwerfen von Kampfmitteln jeder Art aus Luftfahrzeugen, sowie die Vorbereitung hierfür, ohne jede Einschränkung untersagt wissen wollten (Dok. 1). Mit diesen Vorschlägen bekannte sich die Reichsregierung unzweideutig zu einem Totalverzicht auf den Einsatz von Flugzeugen als Kampfmittel. Dieser großzügige und weitgehende Gedanke wurde von der englischen Delegation zu Fall gebracht. Sie machte lediglich den vagen und einer radikalen Lösung ausweichenden Vorschlag, das Gesamtproblem des Luftbombardements zu prüfen (Dok. 2). Die Gegensätzlichkeit der deutschen und englischen Auffassung vom Luftkrieg fand klassischen Ausdruck in einer Rede, die Baldwin damals vor dem Unterhaus hielt. Baldwin sagte, die einzige Verteidigung sei der Angriff, d.h. also, man müsse mehr Frauen und Kinder töten als der Feind, wenn man sich selber schützen wolle (Dok. 3). Im weiteren Verlauf der Abrüstungskonferenz vermied es die Britische Regierung unter dem Druck der öffentlichen Meinung, das vorgeschlagene Verbot des Bombenabwurfs einfach abzulehnen. Sie wählte stattdessen den Weg, das Verbot mit einem Vorbehalt zu versehen, der zwar auf den ersten Blick nicht sehr weitgehend aussah, in Wahrheit aber das Verbot praktisch illusorisch machte. In dem sogenannten MacDonald-Plan sprach sich die britische Delegation zwar zunächst ebenfalls für die völlige Abschaffung des Bombenabwurfs aus der Luft aus, knüpfte aber daran den Vorbehalt „ausgenommen für polizeiliche Erfordernisse in gewissen entfernten Gebieten" (Dok. 5). Dieser englische Vorbehalt wurde von allen Seiten als das erkannt, was er wirklich war, nämlich als eine Sabotage des Verbots des Luftbombardements. Nicht nur die Vertreter Spaniens, Norwegens und der Schweiz, sondern auch die Delegierten der heutigen Bundesgenossen Großbritanniens, nämlich die der Vereinigten Staaten und der Sowjetunion, äußerten sich in zum Teil sehr kritischer Weise über den britischen Vorbehalt und traten für das totale Verbot des Bombenabwurfs, wie es Deutschland gefordert hatte, ein (Dok. 6, 7, 9, 10 und 11). Es ist heute von besonderem Interesse, sich daran zu erinnern, daß gerade der Delegierte der Vereinigten Staaten es als Ansicht seiner Regierung unterstrich, daß die Luftbombardierung ausgeschaltet werden müßte, und zwar absolut, bedingungslos und allgemein gültig. In seiner Antwort auf die während der Diskussion vorgebrachte Kritik an dem britischen Vorschlag setzte sich Eden als Vertreter Großbritanniens in der Generalkommission nachhaltig für den Bombenabwurf als „Art von Polizeiaktion" ein, wobei er sich auf frühere Fälle des Luftbombardements zu polizeilichen Zwecken als Begründung für die Daseinsberechtigung des britischen Vorbehaltes bezog (Dok. 8). Der britische Vorschlag, den Bombenabwurf aus der Luft für Polizeizwecke beizubehalten, wurde später verschiedentlich auch im englischen Parlament behandelt. In Beantwortung einer Interpellation zu dem Thema von seiten der Labour-Partei betonte Baldwin am 31. Mai 1933, das Unterhaus könne nicht erwarten, daß die Regierung von einer Politik, zu der sie sich nach reiflicher Ueberlegung entschlossen habe, abgehe, weil Einwände dagegen erhoben worden seien (Dok. 12). Lord Londonderry, der Staatssekretär für Luftfahrt, begab sich eigens nach Genf, um der Abrüstungskonferenz zu erklären, aus welchen Gründen die Britische Regierung bei ihrem Entschluß bleibe, auf Beibehaltung des Bombenabwurfs aus der Luft als Mittel der Polizeigewalt in Grenzbezirken zu dringen, und war genötigt, den Standpunkt der Britischen Regierung später auch im Parlament zu verteidigen (Dok. 21). Vor ihm hatte der Britische Unterstaatssekretär für Luftfahrt, Sir Philip Sassoon, die Frage ebenfalls vor dem Parlament behandelt, indem er „die beachtlichen Vorteile, die die Luftmacht als Werkzeug des Friedens biete", betonte und abschließend zum Ausdruck brachte, gerade die Menschlichkeit fordere, daß ein neues Werkzeug, wenn es sich zehn

Jahre als human und leistungsfähig erwiesen habe, nicht leichtfertig fortgeworfen werden dürfe (Dok. 15). Am 14. Februar 1938 stellte der Sohn des früheren Vorsitzenden der Abrüstungskonferenz, der Abgeordnete A. Henderson, dem Britischen Premierminister die Frage, ob er als Beispiel für andere Nationen eine Versicherung dahingehend abgeben wolle, daß die Britische Regierung die Benutzung von Bombenflugzeugen für Polizeizwecke in allen Gebieten unter britischer Kontrolle zu verbieten beabsichtige. Neville Chamberlain antwortete, daß die Britische Regierung nicht bereit sei, die Tätigkeit ihrer Luftstreitkräfte zu begrenzen, ausgenommen als Teil einer internationalen Abmachung (Dok. 26).

Weitere deutsche Bemühungen

Wenn es nicht zu dem von Chamberlain als Voraussetzung für die Begrenzung der Tätigkeit der britischen Luftstreitkräfte gemachten internationalen Abkommen kam, so war dies jedoch ausschließlich Schuld der britischen und der ihr nahestehenden Regierungen. Auch als die Abrüstungskonferenz gescheitert und Deutschland aus dem Völkerbund ausgetreten war, blieb die Reichsregierung ihrem Ziel treu, sich für die Anerkennung von Verpflichtungen einer humanen Kriegführung unter Vermeidung gewisser Kriegswaffen in ihrer Anwendung gegen die Zivilbevölkerung einzusetzen. Nicht nur enthielt die Denkschrift der Reichsregierung über die Rüstungs- und Gleichberechtigungsfrage vom 18. Dezember 1933 einen dahingehenden Vorschlag (Dok. 13), vielmehr klang die Forderung, die der Führer schon in seiner großen Rede vom 17. Mai 1933 (Dok. 4) erhoben hatte, als Motiv durch alle Reden des Führers in den folgenden Jahren (Dok. 20 und 24) und fand auch in dem Friedensplan der Deutschen Regierung vom 31. März 1936 erneuten Ausdruck (Dok. 25). Hier heißt es: Die Deutsche Regierung sieht es als die zunächst wichtigste Aufgabe an, den Luftkrieg in die moralische und menschliche Atmosphäre der seinerzeit durch die Genfer Konvention dem Nichtkriegsteilnehmer zugebilligten Schonung zu bringen, und schlägt für die vorgesehene Konferenz als nächste praktische Aufgabe vor: das Verbot des Abwurfs von Gas-, Gift- und Brandbomben sowie das Verbot des Abwurfs von Bomben jeglicher Art auf offene Ortschaften, die sich außerhalb der Reichweite der mittleren schweren Artillerie der kämpfenden Fronten befinden. Alle konkreten deutschen Vorschläge dieser Art wurden jedoch englischerseits beiseitegeschoben.

Luftpakt

Vielmehr versuchte England, nachdem Frankreich zuvor den Wunsch Deutschlands auf Einräumung einer Verteidigungsluftflotte von Flugzeugen mit kurzer Reichweite, zu der keine Bombenflugzeuge gehören sollten (Dok. 16), abgelehnt hatte, an die Stelle der Luftabrüstung das Problem der Luftsicherheit zu setzen, indem es den Vorschlag eines Luftpaktes der Locarnomächte zur Sprache brachte. In diesem Luftpakt sollten sich die Unterzeichner verpflichten, die Unterstützung ihrer Luftstreitkräfte jedem unter ihnen zu gewähren, der das Opfer eines nicht herausgeforderten Luftangriffes von seiten eines der vertragschließenden Teile werden sollte (Dok. 17). Deutschland erklärte sich bereit, auch auf diesem Wege zu einer Regelung des Luftkriegproblems zu kommen und mit der Britischen Regierung in einen unmittelbaren Gedankenaustausch hierüber einzutreten (Dok. 18). Die Britische Regierung verhinderte jedoch das Zustandekommen eines solchen Paktes selbst, indem sie den gleichzeitigen Abschluß eines Ostpaktes zur Vorbedingung für die Weiterverfolgung des Projektes machte. Dabei war sich die Britische Regierung völlig klar darüber, daß die Reichsregierung dem Vorschlag eines Luftpaktes zwischen den Locarno-Mächten günstig gegenüberstand (Dok. 19), behauptete aber, daß es schwierig sei, bei einem Stocken der Ostpaktverhandlungen einen befriedigenden Fortschritt mit dem Luftpakt und anderen Maßnahmen zur Befriedung Europas zu verzeichnen, wie es der Britische Außenminister Sir Samuel Hoare einmal im Parlament am 1. August 1935 (Dok. 23) ausdrückte.

Wie erst aus Akten, die während des Krieges erbeutet wurden, bekannt geworden ist, hat die Britische Regierung auch einen zu Beginn des Jahres 1938 unternommenen Initiativschritt der Niederländischen Regierung, eine gesonderte vertragliche Behandlung des Luftbombardements herbeizuführen (Dok. 27), sabotiert. Die Britische Botschaft in Paris unterrichtete in einer Note die Französische Regierung über ihren Wunsch, angesichts der Kompliziertheit des von niederländischer Seite aufgeworfenen Problems die Gefahr vorzeitig eingeleiteter Verhandlungen vermeiden zu wollen und deshalb eine Unterrichtung Berlins bis zur Beendigung von ihr vorzunehmender Vorarbeiten aufgeschoben zu sehen (Dok. 28). Einem abschließenden Bericht des Französischen Botschafters in London vom Juli des gleichen Jahres zufolge, hatten die hohen Beamten des Foreign Office auch damals nicht die Grundlage gefunden, die geeignet gewesen wäre, eine Teilnahme der übrigen Nationen an einer Konferenz, wie sie niederländischerseits vorgeschlagen war, herbeizuführen (Dok. 31).

Während die Britische Regierung so durch Verquickung des Luftproblems mit unmöglichen politischen Forderungen, wie sie die Ostpaktpläne darstellten, sowie durch die Sabotage der niederländischen Initiative die praktische Regelung der Frage unmöglich machte, sparte sie nicht mit theoretischen Beteuerungen ihrer humanitären Gesinnung, indem sie sich mit Pathos zu den Grundsätzen des Völkerrechts und der Menschlichkeit bekannte. So stellte Chamberlain in einer Erklärung vom 21. Juni 1938 fest, daß es gegen das Völkerrecht verstoße, auf Zivilisten als solche Bomben zu werfen und absichtlich Angriffe auf die Zivilbevölkerung zu machen. Er forderte weiter, daß die Ziele, auf die von der Luft aus gezielt wird, rechtmäßige militärische Ziele und als solche identifizierbar sein müßten. Er forderte schließlich, daß bei Angriffen auf solche militärischen Ziele eine angemessene Sorgfalt geübt werden müßte, damit nicht durch Fahrlässigkeit Bomben auf Zivilbevölkerung in der Nachbarschaft geworfen würden. Mit Entrüstung verurteilte er aufs schärfste in der gleichen Erklärung die möglicherweise von dritter Seite aufzustellende Behauptung, wonach es zu einer absichtlichen Politik gehören könnte, durch Demoralisierung der Zivilbevölkerung mit Bombenangriffen aus der Luft einen Krieg gewinnen zu wollen (Dok. 30). Die in dieser Rede von Chamberlain in der Oeffentlichkeit verkündeten Grundsätze stehen im krassen Gegensatz zu dem, was derselbe Chamberlain später auf der Geheimsitzung des Allierten Kriegsrats vorschlug (Dok. 60) und was die britische Luftwaffe sodann ausführte.

Britisch-französische Generalstabsbesprechungen

Bei Abgabe der soeben zitierten heuchlerischen Erklärung Chamberlains vor dem britischen Parlament waren schon seit längerer Zeit englisch-französische Generalstabsbesprechungen im Gange, die der praktischen Vorbereitung einer gemeinsamen Luftkriegführung gegen Deutschland galten. Die im Verlauf des Krieges in Frankreich in deutsche Hände gefallenen Akten des Französischen Generalstabs geben hier ein aufschlußreiches Bild, das freilich den humanitären Beteuerungen des britischen Regierungschefs in keiner Weise entspricht. Schon Anfang März 1938, also eineinhalb Jahre vor Ausbruch des Krieges, traten Vertreter der britischen und französischen Luftwaffe in Paris zusammen, um die Arbeiten zur Sammlung von Unterlagen über Luftziele in Deutschland zu organisieren. Der abschließende Bericht sagt, daß die Besprechungen auf den verschiedenen Gebieten einen erheblichen Fortschritt mit sich gebracht hätten (Dok. 29). Eine ein Jahr später vom Britischen Kriegsministerium über britisch-französische Generalstabsbesprechungen vorgelegte Aufzeichnung ging schon sehr in die Einzelheiten der englisch-französischen Aktion zur Luft gegenüber Deutschland. Es waren gesteigerte Phasen des Luftkrieges vorgesehen. In der letzten Phase sollten die allierten Bombenflugzeuge gegen wirtschaftliche und industrielle Ziele in Deutschland eingesetzt werden, um zum schließlichen Zusammenbruch des deutschen Widerstandes beizutragen (Dok. 32). Daß diese Methode in ihrer Wirkung ausgedehnten Angriffen auf die Zivilbevölkerung gleichkommen mußte, war dem Britischen Generalstab natürlich klar. In einer vom August 1939 stammenden Aufzeichnung des Britischen Generalstabes über die Frage der Luftbombardierungen war nicht nur die Bombardierung der deutschen Wehrmacht und ihrer Anlagen, sondern auch die jeder sonstigen Einrichtung, die zur Kriegführung dienen könnte, behandelt, wobei jetzt auch ausdrücklich die Formel gebraucht wird, ohne Rücksicht darauf, „ob eine solche Aktion schwere Verluste unter der feindlichen Zivilbevölkerung hervorrufen wird". Die Engländer wählen hierfür den Ausdruck, bei den Luftangriffen „von vornherein die Handschuhe auszuziehen" (Dok. 33). In dem gleichen Dokument kommt zum Ausdruck, daß kein verbündeter Befehlshaber ohne ausdrücklichen Befehl von London Handlungen irgendwelcher Art unternehmen soll, die England möglicherweise einem berechtigten Vorwurf uneingeschränkter Bombardierungen aussetzen könnten. Diese Formulierung macht es klar, daß die von England seither gegen Deutschland durchgeführten Terrorangriffe zur Luft auf ausdrücklichen Befehl von London erfolgt sind.

Die Frage der Luftangriffe gegen Deutschland spielte wenige Wochen nach Ausbruch des Krieges die Hauptrolle auf der Sitzung des „Obersten Rates" in London am 17. November 1939. Auf dieser Zusammenkunft verfocht der Britische Premierminister mit Nachdruck einen vom Generalstab der britischen Luftwaffe in allen Einzelheiten ausgearbeiteten Plan, bei einer gegebenen Kriegslage sofort das Ruhrgebiet mit britischen Langstreckenbombern angreifen zu lassen, um dort alle Objekte von militärischer Bedeutung ohne Rücksicht auf die dabei unvermeidbaren Verluste der Zivilbevölkerung mit Bomben zu belegen. Wenn der Britische Premierminister hierbei von gewissen Hemmungen sprach, die er für den Fall einer Durchführung dieses Planes empfand, so beruhten diese Hemmungen nicht auf der Sorge, daß durch die Luftangriffe ziviles Leben in Mitleidenschaft gezogen werden könnte, sondern nur auf den zu erwartenden starken Verlusten der einzusetzenden britischen Luftwaffeneinheiten und den zu besorgenden deutschen Gegenschlägen. Das hinderte Chamberlain nicht, Daladier um die Ermächtigung zu bitten, den Plan der Bombardierung des Ruhrgebietes zu dem ihm notwendig scheinenden Zeitpunkt ohne eine abermalige Befragung der Französischen Regierung durchzuführen. Der Französische Ministerpräsident widersprach zwar der Ausführung des Planes, jedoch nicht aus menschlichen Erwägungen, sondern weil er Vergeltungsangriffe der deutschen Luftwaffe insbesondere gegen das französische Industriegebiet fürchtete (Dok. 60).

Deutsche Bemühungen um Humanisierung des Krieges bei Kriegsausbruch

Bei Kriegsbeginn war es wieder der Führer, der in seiner Reichstagsrede vom 1. September 1939 als erster der beteiligten Staatsmänner sich für eine Führung des Krieges mit humanen Mitteln einsetzte. Er gab bekannt, der deutschen Luftwaffe den Auftrag gegeben zu haben, sich bei ihrer Kampfführung auf militärische Objekte zu beschränken (Dok. 34). Als dann dem Führer eine Botschaft des Präsidenten Roosevelt übermittelt wurde (Dok. 36), in welcher dieser an alle Regierungen einen dringenden Appell richtete, öffentlich zu erklären, daß sie entschlossen seien, ihre Streitkräfte unter der Voraussetzung der Gegenseitigkeit auf keinen Fall Bombenangriffe aus der Luft auf Zivilbevölkerung oder unbefestigte Städte machen zu lassen, konnte der Führer sich auf den in seiner Reichstagsrede vom gleichen Tage bereits öffentlich bekanntgegebenen Befehl an die deutsche Luftwaffe, sich bei ihren Kampfhandlungen auf militärische Objekte zu beschränken, beziehen (Dok. 37). Es war schon damals klar und ist durch das spätere Vorgehen der nordamerikanischen Luftwaffe genugsam bestätigt worden, daß dieser scheinbar humane Appell des Präsidenten Roosevelt nicht ernst gemeint, sondern lediglich zur Täuschung der Oeffentlichkeit bestimmt war. Offenbar spielte dabei auch die Tatsache eine Rolle, daß die britische und auch die amerikanische Luftausrüstung bei Kriegsausbruch noch nicht weit genug fortgeschritten waren, um Luftangriffe auf Deutschland mit Aussicht auf Erfolg unternehmen zu können. Das gleiche gilt auch von einer am 7. September 1939 durch schwedische Vermittlung der Reichsregierung zugeleiteten Erklärung der Regierungen Frankreichs und Englands, den Krieg mit dem festen Wunsch zu führen, die Zivilbevölkerung zu schonen und die Denkmäler menschlicher Kultur zu erhalten (Dok. 42). Die Reichsregierung antwortete auch hierauf mit dem Hinweis, daß die deutschen Streitkräfte dem ihnen zu Beginn des Krieges erteilten Befehl, Kampfhandlungen nicht gegen Frauen und Kinder zu richten und Luftangriffe auf militärische Objekte zu beschränken, entsprochen hatten. Dabei wurde deutscherseits betont, daß dieser Befehl unter der Voraussetzung abgegeben sei, daß die Gegner Deutschlands die gleichen Regeln der Kampfführung beobachten würden. Weiterhin stellte die Reichsregierung in ihrer Antwort bereits damals fest, daß die Gegner Deutschlands ihre Verpflichtungen vielfach in flagrantester Weise gebrochen hatten, insbesondere habe die Britische Regierung sich im krassesten Widerspruch mit der in ihrer Erklärung enthaltenen feierlichen Versicherung, die zivile Bevölkerung schonen zu wollen, durch die von ihr verkündeten Konterbande-Bestimmungen über alle anerkannten Regeln der Seekriegsführung hinweggesetzt und damit in aller Form die Hungerblockade gegen Frauen und Kinder eröffnet. Ferner habe die Polnische Regierung ohne jede militärische Notwendigkeit viele offene Städte zum Stützpunkt ihrer militärischen Operationen und damit zum Kampfgebiet gemacht. Die Note schloß mit der Versicherung, daß die deutschen Streitkräfte auch künftig dem vom Führer verkündeten Grundsatz ritterlicher und humaner Kampfführung treu bleiben würden, daß sich die Reichsregierung jedoch vorbehalte, jeden vom Feinde begangenen Rechtsbruch zu vergelten (Dok. 47).

Luftkrieg in Polen

In dem Bestreben, die Polnische Regierung unverzüglich über die den deutschen Luftstreitkräften für die Kampfhandlungen in Polen auferlegten Einschränkungen zu unterrichten, wurde der schon in der Abreise befindlichen Polnischen Botschaft noch eine Verbalnote des Auswärtigen Amts zugestellt, in der mitgeteilt wurde, daß den deutschen Luftstreitkräften unter der selbstverständlichen Voraussetzung, daß die polnischen

Luftstreitkräfte sich an die gleichen Regeln hielten, befohlen worden sei, sich bei ihren Kampfhandlungen in Polen auf militärische Objekte zu beschränken (Dok. 35). Die deutsche Luftwaffe hielt sich von Anfang an streng an diesen Befehl. Das geht nicht nur aus den Meldungen der deutschen Luftwaffe hervor (Dok. 38), sondern wird auch von fremder Seite bestätigt. Der Unterstaatssekretär des Britischen Auswärtigen Amts erklärte am 6. September im Unterhaus, daß die deutsche Luftwaffe ihre Angriffe nicht ziellos gegen die zivile Bevölkerung als solche richte, sondern im allgemeinen militärische Ziele treffe (Dok. 41). Der Kommandeur der Luftwaffe in Warschau, ein Oberst des polnischen Heeres, legte dem Kommandeur der Verteidigung von Warschau laufend Lagemeldungen vor, in welchen er die bei den deutschen Luftangriffen auf Warschau getroffenen militärischen Objekte angab (Dok. 39). Das gleiche berichtete der Französische Luftattaché in Warschau nach Paris. Er unterstreicht, daß die deutsche Luftwaffe wie auf dem Schießplatz arbeitet, „daher säßen ihre Bomben auch sehr genau". Er unterstreicht, daß die deutsche Luftwaffe nach den Kriegsgesetzen gehandelt und nur militärische Ziele angegriffen hat, und schließt diesen Teil seiner Ausführungen mit der Bemerkung, es sei wichtig, daß man dies in England und Frankreich erfahre, damit keine Repressalien unternommen würden, wo kein Anlaß zu Repressalien sei (Dok. 46).

Daß es im weiteren Verlauf der Kampfhandlungen zu Zerstörungen in der Stadt Warschau selbst gekommen ist, lag darin begründet, daß die Stadt Warschau durch die polnischen Befehlshaber unter Mithilfe der vom polnischen Rundfunksender zum Barrikadenbau aufgeforderten Zivilbevölkerung zu einem militärischen Stützunkt erster Ordnung umgewandelt worden war (Dok. 44). Vor Beginn des deutschen Angriffs auf die rings umschlossene Stadt wurde der militärische Befehlshaber in Warschau auf Befehl des Führers durch den deutschen Kommandierenden General vor Warschau mit einem Schreiben vom 16. September zur bedingungslosen Uebergabe der Stadt aufgefordert. In dem Schreiben wurde darauf hingewiesen, daß im Falle der Ablehnung die Stadt als Festung mit allen sich daraus ergebenden Folgerungen behandelt werden würde (Dok. 48). Wiewohl das Schreiben des deutschen Generals polnischerseits ohne Antwort blieb und damit an sich die Voraussetzung zum Beginn der Kampfhandlungen gegen die Festung Warschau gegeben war, wurde die polnische Zivilbevölkerung durch ein in der Menge von mehreren Gewichtstonnen abgeworfenes Flugblatt über die Lage mit der Aufforderung unterrichtet, das Stadtgebiet auf gewissen bezeichneten Straßen innerhalb von zwölf Stunden zu verlassen (Dok. 49). Auch die in dem Flugblatt enthaltene Auffordernug blieb unbeantwortet. Von der angebotenen Räumungsfrist machte die Bevölkerung keinen Gebrauch. Damit war der deutscherseits unternommene Versuch, die Bevölkerung der polnischen Hauptstadt vor schwerem Leiden und Schrecken zu bewahren, gescheitert. Nachdem auch ein vom polnischen Sender angekündigter Parlamentär bei den deutschen Linien nicht eintraf, ordnete der

Führer am 18. September 1939 nunmehr an, den Angriff auf Warschau einzuleiten. In dem Befehl heißt es, die Luftwaffe habe nur im Rahmen der militärisch notwendigen Kampfhandlungen mitzuwirken (Dok. 52). Vom 22. September ab bemühen sich Heer und Luftwaffe, im Zusammenwirken den Widerstand der Festung Warschau durch Angriffe auf militärisch besonders wichtige Einzelobjekte niederzuzwingen. Die Verhandlungen über die Evakuierung der ausländischen Diplomaten in Warschau und deren Durchführung brachten eine zeitweilige Unterbrechung der Kampfhandlungen mit sich (Dok. 54 und 55). Um weiteres Blutvergießen zu verhindern und den Gegner zur Einstellung seines zwecklosen Widerstandes zu veranlassen, erteilte der Führer am 25. September den Befehl, durch Flugblattabwurf der polnischen Armee eine ehrenvolle Kapitulation zuzusichern (Dok. 56). Die Bevölkerung wurde gleichzeitig aufgefordert, sich nach der Vorstadt Praga in Sicherheit zu bringen, aber die Verblendung der polnischen Befehlshaber in Warschau dauerte an. So kam es am 26. September zur Ausführung der befohlenen Kampfhandlungen gegen die Festung (Dok. 57). Nachdem der deutsche Angriff im Nordteil die erste, im Südteil die zweite Fortlinie in deutschen Besitz gebracht hatte, bot der polnische Kommandant unter dem Eindruck dieser Waffenerfolge am Vormittage des 27. September die bedingungslose Uebergabe der Stadt an (Dok. 58).

Erneute Warnung des Führers

Wenige Tage nach dem Falle der polnischen Hauptstadt trat der Führer in seiner Reichstagsrede vom 6. Oktober 1939 im Anschluß an eine Schilderung des Kampfes um Warschau wiederum für die Humanisierung des Krieges ein. Er stellte hierbei das Postulat auf, daß als Voraussetzung für ein wirkliches Aufblühen der Wirtschaft bei den einzelnen Völkern ein absolutes Gefühl der Sicherheit hergestellt werden müsse. Zu diesem notwendigen Gefühl der Sicherheit gehöre vor allem aber eine Klärung der Anwendbarkeit und des Wirkungsbereichs gewisser moderner Waffen. Es müsse auch gelingen, den Einsatz der Luftwaffe und die Anwendung anderer Kriegsmittel wie Gas und U-Boote sowie die Begriffe der Konterbande so festzulegen, daß der Krieg des furchtbaren Charakters eines Kampfes gegen Frauen und Kinder und überhaupt gegen Nichtkriegsteilnehmer entkleidet werde. Es müsse möglich sein, in Anlehnung an das Rote Kreuz eine grundsätzlich allgemein gültige Regelung zu finden (Dok. 59). Aber auch dieser Appell des Führers verhallt ungehört.

Die erste Serie der britischen Luftangriffe gegen die Zivilbevölkerung

Den ersten englischen Luftangriffen auf Wilhelmshaven und Cuxhaven vom September 1939 (Dok. 40) folgten im Dezember des gleichen Jahres eine Reihe weiterer Bombenwürfe auf deutschen Boden

(Dok. 61). In der Nacht zum 12. Januar 1940 fielen zum ersten Male britische Bomben auf eine deutsche Ortschaft, nämlich den Rand der Stadt Westerland auf Sylt (Dok. 62). Damals bestand für die deutschen Luftstreitkräfte eine einschränkende Weisung, die das Bombenabwerfen auf Landziele in gegnerischem Gebiete nicht gestattete (Dok. 63). Den Bomben von Westerland vom 12. Januar folgte am 20. März eine Anzahl Einflüge in die Deutsche Bucht von Schleswig-Holstein und bis in die Gegend von Kiel mit Angriffen auf Hörnum und Sylt, wobei etwa 110 Spreng- und Brandbomben geworfen wurden und ein Lazarett einen Volltreffer erhielt (Dok. 62 und 66). Am 12. April wurden wiederum Einflüge von feindlichen Flugzeugen nach Holstein verzeichnet. Auf die kleine Stadt Heiligenhafen wurden in dieser Nacht vier Bomben mittleren Kalibers geworfen, die zwei Häuser beschädigten. In der Nacht vom 23. zum 24. April erfolgten abermals feindliche Luftangriffe auf die Insel Sylt. Westlich, südlich und östlich der Stadt Westerland wurden in näherer und weiterer Entfernung nach den vorliegenden Berichten etwa 25 Spreng- und mehrere Brandbomben abgeworfen. Von den Sprengbomben detonierten 12. Auch in den Westerland benachbarten Ortschaften Tinnum, Rantum und dem Badeort Wenningstedt fielen Bomben, die Sachschaden anrichteten (Dok. 62 und 67). In der gleichen Nacht warfen Flugzeuge auch am Rande der kleinen Stadt Heide in Schleswig-Holstein mehrere Bomben ab. Der Landrat von Heide schreibt hierzu, daß die Ursache dieser Abwürfe „auch nicht vermutet werden kann, da in der Gegend keinerlei militärische Objekte vorhanden sind" (Dok. 68). Der Bericht des Oberkommandos der Wehrmacht vom 25. April 1940, der diese Bombenwürfe registriert, stellt gleichzeitig fest, daß der Feind damit den Luftkrieg gegen unverteidigte Orte ohne militärische Bedeutung eröffnet hat (Dok. 69). Im Monat April folgten sodann in der Nacht zum 26. April noch einige Einflüge britischer Kriegsflugzeuge, die kurz nach Mitternacht südwestlich Pellworm bei Süderoog Bomben abwarfen (Dok. 62).

Von den ersten acht Monaten des Deutschland von England aufgezwungenen Krieges waren demnach nur die Monate Oktober, November und Februar frei von britischen Bombenwürfen auf deutsches Gebiet geblieben.

Dennoch legte die deutsche Luftwaffe sich im Kampf gegen England gemäß den erhaltenen Befehlen größte Zurückhaltung auf. Den im September erlassenen allgemeinen Weisungen über die Kriegführung war am 25. Januar 1940 ein grundsätzlicher Befehl des Oberkommandos der Wehrmacht gefolgt, welcher gegenüber England Luftangriffe auf das britische Mutterland einschließlich der Häfen, mit Ausnahme der Docks von Rosyth und der Angriffe im Rahmen des Minenkrieges, verbot (Dok. 63). So kam es deutscherseits in dem gleichen Zeitraum nur im Rahmen von

Kampfhandlungen der deutschen Luftwaffe gegen die englische Flotte, die bei Scapa Flow Zuflucht gesucht hatte, in den Abendstunden des 16. März auch zu Angriffen auf einige Flugplätze auf den Orkney-Inseln (Dok. 65).

Mit Beginn der Operationen im Westen mehrten sich die Angriffe der britischen Luftwaffe auf nichtmilitärische Ziele in Deutschland in rascher Folge und in zunehmendem Umfang. Das Vorgehen der britischen Luftwaffe entsprach den Ansichten, die britische Politiker wie Baldwin und Neville Chamberlain ebenso wie Churchill zum Ausdruck gebracht hatten. Am 10. Mai 1940 fielen nachmittags gegen 4 Uhr Bomben auf die Stadt Freiburg im Breisgau. Die Verluste an Menschenleben betrugen zunächst 25 Tote und 109 Verletzte, von denen noch weitere 25 starben. Außerdem wurden eine Anzahl Häuser schwer beschädigt. In den folgenden Nächten erreichten die britischen Einflüge die Gegend von Münster und Oberwesel (Dok. 70 und 71). Später drangen britische Bombenflugzeuge in Süddeutschland bis München vor. Auch warfen feindliche Flugzeuge Bomben auf nichtmilitärische Ziele in vielen Orten des Rheinlandes. In den folgenden Tagen hatten wiederum die Orte des Rheinlandes und weiterhin in der Nacht vom 17. zum 18. Mai erstmalig Hamburg-Harburg und Bremen unter Luftangriffen auf nichtmilitärische Ziele zu leiden (Dok. 76 und 78). Der Bericht des Oberkommandos der Wehrmacht stellte dies warnend „im Hinblick auf die sich daraus ergebenden Folgerungen ausdrücklich fest" (Dok. 80). Die Zahl der toten und verwundeten Zivilpersonen nahm bei den Angriffen ständig zu. Ueber die Planlosigkeit der Zielauswahl unterrichten auch die Berichte der lokalen Stellen (Dok. 77). Es kam dahin, daß selbst einzeln gelegene Bauernhöfe (Dok. 79) mit Bomben beworfen wurden. Die militärische Sinnlosigkeit dieser ersten Serie britischer Luftangriffe auf nichtmilitärische Ziele in Westdeutschland wurde von den führenden französischen Staatsmännern als solche empfunden. So bezeichnete Daladier in einer Sitzung am Quai d'Orsay am 16. Mai Churchill gegenüber die Auffassung, daß der deutsche Vormarsch in Frankreich durch Bombardierung der Ruhr verlangsamt werden könnte, als absurd (Dok. 74). Gegen Ende des Monats richtete der Französische Ministerpräsident Reynaud ein Schreiben an Churchill, in dem er die Bitte aussprach, die gesamten britischen Bombenflugzeuge in die Schlacht in Frankreich zu werfen und „auf Unternehmungen zu verzichten, wie sie die britische Luftwaffe soeben im Ruhrgebiet durchgeführt hat, während die allein in der Schlacht stehende französische Infanterie auf die Hilfe der britischen Bombenflugzeuge dringend angewiesen ist" (Dok. 82).

Die britische Luftwaffe fuhr jedoch mit ihrem Kriege gegen die deutsche Zivilbevölkerung unbeirrt fort (Dok. 70 und 83).

Bis zum 20. Juni wurde deutscherseits gewartet, ehe eine Gegenaktion gegen militärische Objekte in England zur Luft einsetzte. Erst am 20. Juni teilte der Bericht des Oberkommandos der Wehrmacht mit, daß, nachdem britische Flugzeuge seit dem 10. Mai fortgesetzt in der Nacht offene deutsche Städte angegriffen haben, die deutsche Luftwaffe nunmehr mit der Vergeltung gegen England begonnen hat (Dok. 88). Diese deutschen Vergeltungsangriffe gegen England waren schon mehrere Wochen im Gange, als der Jugoslawische Luftattaché in London in einem Bericht über die militärisch-politische Lage zum Thema der deutschen Luftangriffe auf England ausdrücklich unterstrich, daß die deutsche Luftwaffe auf nichtmilitärische Ziele keine Bomben wirft (Dok. 91).

Die offenen Städte Brüssel, Paris und Bordeaux, die verteidigte Stadt Rotterdam

Während der gleichen Periode wurde der Kampf von der deutschen Luftwaffe im Westen streng im Rahmen der militärischen Notwendigkeiten geführt. Nach dem Zusammenbruch der südlich Löwen gelegenen britisch-französischen Stellungen wurde die außerhalb der Kampfzone liegende belgische Hauptstadt Brüssel kampflos durch den Oberbürgermeister unseren einrückenden Truppen übergeben (Dok. 75). Ebenso blieb Paris von den Schrecknissen des Bombenkrieges verschont. Der deutschen Luftwaffe war während des deutschen Vormarsches in Frankreich verboten worden, Plätze im Weichbild von Paris anzugreifen. Nur der Angriff gegen stark belegte Flugplätze im Raum von Paris war ihr freigegeben (Dok. 81). Als nach dem völligen Zusammenbruch der ganzen französischen Front zwischen dem Aermelkanal und der Maginot-Linie die französische Führung auf die Absicht, die Hauptstadt Frankreichs zu verteidigen, verzichten mußte, Paris infolgedessen zur offenen Stadt erklärt wurde und das Oberkommando des Heeres hiervon Kenntnis erhielt, wurde der Angriff gegen Paris eingestellt (Dok. 84 und 86). Deutsche Truppen rückten kampflos bis an den Rand der Stadt vor, sodann wurde dem deutschen Befehlshaber die Stadt vom Kommandanten von Paris übergeben (Dok. 85). In der Folge wurde auch die Stadt Bordeaux, deren Charakter als offene Stadt von der Französischen Regierung mitgeteilt wurde, durch eine ausdrückliche Weisung des Führers von Luftangriffen ausgenommen (Dok. 87).

Von allen Städten im Westen leistete nur Rotterdam, das der Oberbefehlshaber der holländischen Land- und Seestreitkräfte als Schlüsselpunkt der Landesverteidigung betrachtete (Dok. 72), zähen Widerstand. Die Stadt lag seit den ersten Tagen der deutschen Gegenaktion in der Kampfzone, nachdem der am Südrande der Stadt gelegene Flugplatz Waalhaven sowie die Maasbrücken im Südteil der Stadt in den Morgenstunden des 10. Mai 1940 von deutschen Fallschirm- und Luftlandetruppen besetzt worden waren. Gegen den auf dem Nordufer der Maas an den Brücken von den deutschen Truppen gebildeten Brückenkopf richteten sich sofort Gegenangriffe mit Unterstützung starker Artillerie aus dem

Norden der Stadt Rotterdam. In Rotterdam selbst trafen dauernd Verstärkungen an Infanterie und Artillerie für die dort kämpfenden niederländischen Truppen ein. Nachdem am 12. Mai abends deutsche Panzerstreitkräfte die Verbindung mit den Luftlandetruppen bei Rotterdam aufgenommen hatten und am 13. Mai morgens erneute Angriffe der Holländer gegen den deutschen Brückenkopf in der Stadt abgeschlagen worden waren, forderte der dort befehlende deutsche Divisionskommandeur die Stadt zur Uebergabe auf. Der holländische Kommandeur lehnte diese jedoch ab, da er annahm, nur schwache deutsche Kräfte gegenüber zu haben (Dok. 73).

Im Falle von Rotterdam handelt es sich demnach um eine, und zwar mit allen zur Verfügung stehenden Mitteln (Infanterie, Artillerie und Luftwaffe) verteidigte Stadt, deren Widerstand erst nach ergebnisloser Aufforderung zur Kapitulation durch unmittelbare Bekämpfung der fechtenden gegenerischen Truppen gebrochen wurde. Der Kommandant der Stadt Rotterdam muß sich über die Folgen der Ablehnung oder Herauszögerung der Uebergabeverhandlungen vollkommen im klaren gewesen sein.

Fortsetzung der britischen Luftangriffe und die deutsche Vergeltung auf London

Den Abschluß der Operationen im Westen benutzte der Führer, um in einer großangelegten Rede vor dem Deutschen Reichstag am 19. Juli 1940 noch einmal einen „Appell an die Vernunft auch in England" zu richten (Dok. 90). Dieser Appell wurde von Churchill mit den ersten britischen Luftangriffen auf deutsche Kulturstätten, das Goethehaus in Weimar und das Bismarckmausoleum im Walde von Friedrichsruh, beantwortet (Dok. 89). Wenige Tage später erfolgten die ersten Nachtangriffe auf Berlin. Nachdem die Engländer am 26. August 1940 zum ersten Male Berlin aus der Luft angegriffen hatten und in den folgenden Nächten ihre Terrorangriffe auf Wohnviertel der Reichshauptstadt planmäßig fortsetzten, geht die deutsche Luftwaffe am 7. September 1940 dazu über, nunmehr auch London mit starken Kräften anzugreifen (Dok. 92).

Weitere Mahnungen des Führers

Der Führer wird aber nicht müde, immer wieder seine Stimme zu erheben. Anläßlich der Eröffnung des Winterhilfswerks im September 1940, am 8. November des gleichen Jahres vor der Alten Garde der Partei, in seinem Neujahrsaufruf zum 1. Januar 1941, in der Reichstagsrede am 4. Mai 1941 und bei sonstigen Gelegenheiten wiederholte der Führer seine früheren Ausführungen. Er zeigte, wie er geduldig gewartet, wie er die Engländer dauernd gewarnt und wie er erst dann zugeschlagen habe, als seine Warnungen gegen die Anwendung des von Churchill propagierten Nachtbombenkrieges gegen die Zivilbevölkerung als Zeichen deutscher Ohnmacht ausgelegt wurden (Dok. 93, 94, 95 und 96).

Die britischen Terrorangriffe gegen Deutschland und die besetzten Gebiete

Die Britische Regierung ließ sich jedoch weder durch die wiederholten Warnungen des Führers noch durch die deutschen Vergeltungsangriffe von der planmäßigen Anwendung des Luftterrors als Kriegsmittel gegenüber der deutschen Zivilbevölkerung abbringen. In dem Augenblick, als die europäische Auseinandersetzung mit dem Bolschewismus begann, setzte auch der britische Luftterror wieder ein. Aber erst nach dem Kriegseintritt der Vereinigten Staaten trat der Luftterror in sein jetziges Stadium. Der Gegner beschränkte sich auch nicht mehr auf Aktionen über deutschem Gebiet, sondern bezog den von Deutschland im Westen besetzten Raum in seine Terrorunternehmungen ein.

Im März 1942 kam es zu dem schweren Terrorangriff auf das selbst im Höhepunkt der Schlacht um Frankreich von der deutschen Wehrmacht geschonte Paris, dem über 400 Tote zum Opfer fielen und der zu der Beschädigung weltberühmter Kunststätten führte (Dok. 97 und 98). Anschließend wandte sich die gegnerische Luftwaffe vornehmlich Norddeutschland und Nordwestdeutschland zu. Unter anderem wurden unter der Zivilbevölkerung der Städte Lübeck, Rostock und Bremen schwere Verluste hervorgerufen (Dok. 99). Als erste weltbekannte Kulturdenkmäler sanken in der Lübecker Altstadt die Marienkirche, der Dom, die Petrikirche und das Museum in Schutt und Asche (Dok. 100). Später kommt Paris wieder an die Reihe (Dok. 102 und 103), sodann Antwerpen. Bei dem Angriff auf Antwerpen wurde eine große Anzahl Schulkinder getötet (Dok. 104). Inzwischen nahm die sinnlose Zerstörung europäischer Kulturschätze in deutschen Städten in einem solchen Ausmaße zu, daß sie im einzelnen hier nicht mehr verzeichnet werden kann. Ueber die tragische Bilanz der englisch-nordamerikanischen Fliegerangriffe auf Frankreich unterrichtet eine französische Verlautbarung vom 12. Mai 1943 (Dok. 105). Eine deutsche amtliche Verlautbarung vom 29. Mai registriert die zerstörten und schwerbeschädigten Schulen, Krankenhäuser, Kirchen und Kulturdenkmäler in Deutschlands größten Städten (Dok. 110). Die Zusammenstellung beweist, daß die Ziele, die sich die britische und sodann auch die nordamerikanische Luftwaffe ausgesucht hatten, Ziele ohne jede militärische Bedeutung waren.

Gleichzeitig feuern sich die politischen und militärischen Führer Großbritanniens (Dok. 106, 107, 108 und 109) gegenseitig in ihren Reden zu immer brutaleren Bombardierungsmethoden gegen die Zivilbevölkerung an. Die von der britischen Fachpresse geforderte Abschaffung des Bombardierens bestimmter Ziele zugunsten der ziellosen Bombardierung gewisser Gebiete, ist Praxis des englisch-nordamerikanischen Luftkrieges geworden. Die scharfmacherische Rolle der Nordamerikaner bei diesen Terrormaßnahmen tritt in einem Interview des Generals Eaker, Befehlshaber des 8. Bomberkommandos der Heeresluftwaffe der Vereinigten Staaten besonders in Erscheinung (Dok. 101). Er spricht unverhüllt aus: „*Die deutschen Arbeiter brauchen Häuser, um darin zu leben und Versorgungsbetriebe, um sich am Leben zu erhalten. Diese sind gegen Luftangriffe außerordentlich empfindlich.* Niemand wird gern unter der Erde arbeiten, wenn er weiß, daß vielleicht in seiner Abwesenheit sein Heim zerstört und seine Familie vernichtet wird. — Es gibt kaum einen Winkel Deutschlands, in den wir nicht kommen werden." Amerika hat sich nicht nur militärisch, sondern auch moralisch in die gleiche Reihe mit den Briten gestellt.

Der Terror, den die britische und nordamerikanische Luftwaffe gegen die friedliche Bevölkerung Deutschlands, seiner Verbündeten und eines Teils der von Deutschland besetzten Gebiete ausübte, geht weiter. Daß *diese Verwilderung des Krieges hätte vermieden werden können, wenn Deutschlands* gegenwärtige Gegner *auf die Bestrebungen des Führers zur Humanisierung des Krieges* vor dem Kriege, bei Kriegsausbruch und während des Krieges *eingegangen wären*, ist durch die im vorstehenden analysierten Dokumente erwiesen worden. Die Feststellung der Verantwortung für die Einführung dieser barbarischen und sinnlosen Kriegführung gegen die Zivilbevölkerung ragt in ihrer Bedeutung über die Ereignisse des gegenwärtigen Krieges hinaus. Es handelt sich darum, ob es den verantwortungslosen Trägern dieser entarteten Kriegführung gelingt, sie als dauerndes Element in die Auseinandersetzungen der Nationen einzuführen. Kein Volk der Erde wäre davor sicher, daß es nicht eines Tages genau so das Objekt einer solchen Barbarei werden wird. Es ist das Verdienst Deutschlands, und zwar noch ehe die Gewissenlosigkeiten unserer Gegner in der Kriegspraxis verwirklicht wurden, seine warnende Stimme erhoben zu haben. *Die deutschen Bestrebungen scheiterten an dem bei unseren Gegnern vorhandenen Willen zur Anwendung des Luftterrors als eines bis in seine letzten Einzelheiten durchdachten Planes zur Vernichtung Europas.* Die Engländern wollten, wie es in der Niederschrift des Britischen Generalstabes heißt: „Von vornherein die Handschuhe ausziehen." Damit ist aber die Schuldfrage im Bombenkrieg eindeutig geklärt. Die zerstörten Städte des europäischen Kontinents, die Tausende der durch britische und nordamerikanische Bomber ermordeten Frauen und Kinder sind eine flammende Anklage gegen die beiden Hauptkriegsschuldigen Churchill und Roosevelt. Das

Urteil der Weltgeschichte hat sie bereits gerichtet! Die amtliche deutsche Verlautbarung vom 29. Mai 1943 schließt mit den in diesem Zusammenhang bedeutsamen Worten: „Für die Verbrechen, die sie an Europa begangen haben und weiterhin begehen, werden sie büßen müssen, wenn die Stunde der Abrechnung gekommen ist. Auge um Auge, Zahn um Zahn wird ihnen vergolten werden! Und vor dieser gerechten Strafe wird sie kein noch so frecher Versuch der Ableugnung ihrer Verantwortung zu retten vermögen."

Nr. 1

Die Vorschläge der deutschen Delegation auf der Konferenz für die Herabsetzung und Begrenzung der Rüstungen; vorgelegt am 18. Februar 1932*)

(Auszug)

Die Deutsche Regierung hat nach Abschluß der Arbeiten der Vorbereitenden Abrüstungskommission den von dieser ausgearbeiteten Konventionsentwurf abgelehnt, aber in Aussicht gestellt, daß sie sich auf der Konferenz mit allen Kräften darum bemühen werde, im Verein mit den anderen Staaten für die Erreichung des Abrüstungszieles den richtigen Weg zu finden. In diesem Sinne legt die deutsche Delegation die nachstehenden Vorschläge der Konferenz vor.

Bei der Ausarbeitung der Vorschläge ist die deutsche Delegation davon ausgegangen, daß in Deutschland sowie drei anderen Staaten die Abrüstung bereits seit einer Reihe von Jahren durchgeführt ist, und zwar auf Grund einer Festsetzung derjenigen Mächte, die den Artikel 8 der Völkerbundssatzung verfaßt und die zugleich erklärt haben, daß diese den ersten Schritt zu der in der Satzung vorgesehenen allgemeinen Abrüstung bilden sollte. Sie wird daher von deutscher Seite als richtunggebend für die Abrüstung sämtlicher Völkerbundsmitglieder angesehen, zumal es im Völkerbund nur grundsätzlich gleichberechtigte Mitglieder geben kann, von denen keines diskriminiert werden darf. Die Grundsätze für die allgemeine Herabsetzung und Verminderung der Rüstungen, deren Festsetzung der Konferenz obliegt, können für sämtliche Bundesmitglieder und diejenigen Länder, die sich der Abrüstungsaktion anschließen, nur die gleichen sein.

Die Mängel und Lücken des Entwurfs der Vorbereitenden Abrüstungskommission, die die Deutsche Regierung veranlaßt haben, ihn abzulehnen, sind aus den Vorbehalten ersichtlich, die in dem Bericht der Vorbereitenden Kommission Aufnahme gefunden haben. Es genügt, nur einige Beispiele anzuführen.

Unzureichend ist vor allem in dem Entwurf der Vorbereitenden Kommission die Beschränkung des Landkriegsmaterials. Denn eine bloße Herabsetzung der Ausgaben, wie sie der Entwurf vorsieht, berührt weder die vorhandenen im Dienst befindlichen oder gelagerten Bestände, noch bietet sie eine zuverlässige Grundlage für die Begrenzung künftiger Neuanschaffungen. Allgemein läßt der Entwurf der Vorbereitenden Kommission die Staaten im Besitz ihrer schweren Angriffswaffen und würde ihnen sogar deren Vermehrung ermöglichen. Insbesondere die Luftwaffe läßt der Entwurf grundsätzlich weiter bestehen; er würde sogar dadurch, daß er den Hauptteil der in Reserve gehaltenen Flugzeuge und Flugzeugmotoren von der Herabsetzung und Begrenzung ausschließt, einen Wettlauf zwischen den Signatarstaaten in dem Ausbau dieses Angriffsinstruments zulassen. Auf dem Gebiet des Personals läßt der Konventionsentwurf zwar die verschiedenen Systeme der Rekrutierung bestehen, erfaßt jedoch bei den Wehrpflichtheeren überhaupt nicht die ausgebildeten Reserven, auf denen ihre Stärke beruht. Schließlich macht der Konventionsentwurf eine annehmbare Lösung der Abrüstungsfrage dadurch unmöglich, daß er einerseits in fast allen entscheidenden Punkten von den Entwaffnungsregeln abweicht, die bei Kriegsschluß Deutschland auferlegt worden sind, für dieses aber andererseits in seinen allgemeinen Bestimmungen diese Regeln ausdrücklich aufrechterhält.

Die nachstehenden Vorschläge, die, ohne erschöpfend sein zu wollen, die Auffassung der Deutschen Regierung in großen Zügen wiedergeben, zielen demgegenüber darauf ab, eine wirksame, alle Rüstungsfaktoren umfassende Rüstungsverminderung und -begrenzung durchzuführen. Sie enthalten diejenigen fundamentalen Maßnahmen, die vor allem für die Verhinderung eines Angriffs wichtig sind. Die Vorschläge beruhen auf dem Grundsatz, daß künftig nur ein für alle Staaten in gleicher Weise geltendes Abrüstungssystem bestehen kann, das bei Einsetzung möglichst niedriger Rüstungszahlen für alle Staaten eine gerechte und wirksame Lösung des Abrüstungsproblems ermöglichen würde. Sie tragen überdies der Notwendigkeit Rechnung, die nationale Sicherheit der Völker, so wie dies in Artikel 8 der Satzung vorgesehen ist, zu berücksichtigen.

Indem die deutsche Delegation diese Vorschläge der Konferenz unterbreitet, legt sie Wert darauf, ihren Standpunkt dahin zusammenzufassen, daß die Deutsche Regierung nur eine solche Konvention für annehmbar hält, deren Bestimmungen für sie in gleicher Weise gelten wie für die anderen Signatarstaaten.

. . . . . .

III. Luftstreitkräfte

17. Die Unterhaltung jeglicher Luftstreitkräfte wird verboten. Das gesamte bisher im Dienst, in der Reserve oder auf Lager befindliche Material der Luftstreitkräfte ist zu zerstören, mit Ausnahme der Waffen, die auf die den Land- und Seestreitkräften zugebilligten Bestände übernommen werden.

18. Das Abwerfen von Kampfmitteln jeder Art aus Luftfahrzeugen sowie die Vorbereitung hierfür ist ohne jede Einschränkung zu untersagen.

19. Um die Durchführung des Verbots jeglicher militärischen Luftfahrt unter allen Umständen sicherzustellen, ist unter anderem zu untersagen:

a) Jede Ausbildung und Fortbildung irgendwelcher Personen in der Luftfahrt, die einen militärischen Charakter oder Zweck hat;

b) jede Ausbildung und Tätigkeit von Wehrmachtsangehörigen in der Zivilluftfahrt;

c) Luftfahrzeuge zu bauen, zu halten, einzuführen oder in Verkehr zu setzen, die in irgendeiner Weise gepanzert oder geschützt sind oder die mit Einrichtungen zur Aufnahme von Kriegsmaschinen jeder Art wie Kanonen, Maschinengewehre, Torpedos, Bomben oder mit Visier- oder Abwurfeinrichtungen für solche Kriegsmaschinen versehen sind;

d) die Unterhaltung irgendwelcher militärischen Zwecken dienender Beziehungen zwischen Militär- und Marineverwaltung und der Zivilluftfahrt.

. . . . . .

---

*) Nach langjährigen Vorarbeiten, insbesondere der Vorbereitenden Abrüstungskommission, war am 2. Februar 1932 in Genf die Konferenz für die Herabsetzung und Begrenzung der Rüstungen zusammengetreten, um die in Artikel 8 des Völkerbundpakts und in der Einleitung zu Teil V des Versailler Vertrages vorgesehene Herabsetzung und Begrenzung der Rüstungen durch Ausarbeitung einer internationalen Konvention in die Wirklichkeit umzusetzen. Der Konferenz war von der Vorbereitenden Abrüstungskommission ein Konventionsentwurf vorgelegt worden, zu dem die Delegationen der wichtigsten Staaten im Laufe des Februar 1932 in formulierten Vorschlägen grundsätzlicher Art Stellung nahmen.

Nr. 2

Die Vorschläge der deutschen Delegation auf der Konferenz für die Herabsetzung und Begrenzung der Rüstungen; vorgelegt am 22. Februar 1932

(Auszug)

Die Delegation des Vereinigten Königreiches, in der Auffassung, daß der Konventionsentwurf die beste Grundlage für die Durchführung der Arbeiten ist, glaubt, trotzdem eine besondere Aufmerksamkeit den Verboten und Herabsetzungen schenken zu müssen, die einen Angriff zu verhindern oder jeden Angriffsversuch zu beseitigen in der Lage sind, sowie den Methoden der Kriegführung, die besonders gegen die nichtkämpfende Bevölkerung gerichtet sind. Die Delegation schlägt daher, ohne sie irgendwie als vollständig aufzufassen, eine Prüfung vor.

. . . . . .

5. des gesamten Problems der Luftbombardements in möglichst weitgehendem Umfange.

. . . . . .

Nr. 3

Äußerung des Britischen Lord-Präsidenten des Staatsrats Baldwin im Unterhaus, 10. November 1932

(Auszug)

. . . Nach meiner Ansicht wird die Abrüstung nicht den Krieg aufhalten.

Ich glaube, es ist für den Mann auf der Straße gut, zu wissen, daß es keine Macht auf der Erde gibt, die ihn davor schützen kann, bombardiert zu werden. Was man ihm auch sagen möge, der Bomber wird immer durchkommen, und das ist sehr einfach zu verstehen, wenn man die Weite des Raumes bedenkt. Ich habe gesagt, daß jede Stadt in der Reichweite eines Flugplatzes mit Bomben beworfen werden kann.

Die einzige Verteidigung ist der Angriff, d. h. also, man muß mehr Frauen und Kinder töten als der Feind, wenn man sich selber schützen will . . .

Nr. 4

Führerrede vom 17. Mai 1933 (Reichstagssitzung)

(Auszug)

. . . Die Deutschland im Dezember zugestandene Gleichberechtigung*) ist bisher nicht verwirklicht worden. Wenn von seiten Frankreichs nunmehr wieder die These aufgestellt wird, daß der Gleichberechtigung die Sicherheit entsprechen müsse, so darf ich demgegenüber zwei Fragen erheben:

Erstens: Deutschland hat bisher alle Sicherheitsverpflichtungen übernommen, die sich aus der Unterzeichnung des Versailler Vertrages, dem Eintritt in den Völkerbund, dem Locarno-Pakt, dem Kellogg-Pakt, den Schiedsgerichtsverträgen, dem Kriegsverhütungspakt und der non-force-Erklärung ergeben. Welches sind die konkreten Sicherungen, die außer den internationalen Verpflichtungen von Deutschland noch übernommen werden sollen?

Zweitens: Welche Sicherungen hat demgegenüber Deutschland? Nach den Angaben beim Völkerbund besitzt Frankreich allein an im Dienst befindlichen Flugzeugen 3046, Belgien 350, Polen 700, die Tschechoslowakei 670. Dazu kommen unermeßliche Mengen an Reserveflugzeugen, Tausende von Kampfwagen, Tausende von schweren Geschützen sowie alle technischen Mittel zur Führung des Krieges mit giftigen Gasen. Hat nicht Deutschland mehr Berechtigung, demgegenüber in seiner Wehr- und Waffenlosigkeit Sicherheit zu verlangen als die durch Koalitionen miteinander verbundenen Rüstungsstaaten?

Dennoch ist Deutschland jederzeit bereit, weitere Sicherheitsverpflichtungen internationaler Art auf sich zu nehmen, wenn andere Nationen ihrerseits bereit sind und dies Deutschland ebenso zugute kommt. Deutschland wäre auch ohne weiteres bereit, seine gesamte militärische Einrichtung überhaupt aufzulösen und den kleinen Rest der ihm verbliebenen Waffen zu zerstören, wenn die anliegenden Nationen ebenso restlos das gleiche tun. Wenn aber die anderen Staaten nicht gewillt sind, die im Friedensvertrag von Versailles auch sie verpflichtende Abrüstung durchzuführen, dann muß Deutschland zumindest auf der Forderung seiner Gleichberechtigung bestehen . . .

---

*) Am 11. Dezember 1932 wurde in Genf eine Erklärung des Deutschen Reichs, Frankreichs, Großbritanniens, Italiens und der Vereinigten Staaten unterzeichnet, durch die der Grundsatz der Gleichberechtigung Deutschlands für die Arbeiten der Abrüstungskonferenz anerkannt wurde.

Nr. 5

a) Artikel 34 des von Großbritannien der Konferenz für die Herabsetzung und Begrenzung der Rüstungen am 16. März 1933 vorgelegten Entwurfs einer Abrüstungskonvention (MacDonald-Plan)*):

„Die Hohen vertragschließenden Teile nehmen die völlige Abschaffung des Bombenabwurfs aus der Luft an (ausgenommen für polizeiliche Erfordernisse in gewissen entfernten Gebieten)."

b) Von der deutschen Delegation vorgelegter Abänderungsvorschlag zum Artikel 34 des britischen Entwurfs:

„Die Worte in Klammern von ‚ausgenommen' bis ‚Gebieten' sind zu streichen und die folgenden Worte sind anzufügen: ‚und das Verbot jeder Vorbereitung eines solchen Bombenabwurfs'."

---

*) Ueber diesen Artikel wurde am 27. Mai 1933 in der Generalkommission der Konferenz diskutiert. Nicht nur die abgerüsteten Staaten lehnten die Einschränkung des Verbots von Luftbombardements ab, sondern auch Vertreter zahlreicher anderer Mächte nahmen dagegen Stellung (vgl. Nr. 6 bis Nr. 11).

Nr. 6

Erklärung des spanischen Vertreters de Madariaga in der Generalkommission der Konferenz für die Herabsetzung und Begrenzung der Rüstungen, 27. Mai 1933

(Auszug)

Herr de Madariaga (Spanien) weist darauf hin, daß es die spanische Delegation für erforderlich gehalten habe, ihre Abänderungsanträge im wesentlichen aus den gleichen Gründen zu stellen, die die Abordnungen Ungarns, Oesterreichs und Deutschlands veranlaßt hätten, ihre Abänderungsanträge zugunsten der völligen Abschaffung der Militärluftfahrt vorzulegen. Die spanische Delegation sei der Ansicht, daß der britische Entwurf hinsichtlich der Luftrüstungen in hohem Maße unzureichend sei...

Es gebe nur ein einziges Mittel, durch das man die Nachteile, die sich aus dem Vorhandensein einer Luftwaffe ergeben, ernsthaft beschränken könne, und dieses einzige Mittel sei die Abschaffung der Militärluftfahrt.

In zweiter Linie betrachte diese Delegation die Abschaffung der Militärluftfahrt als eine logische, unvermeidliche Folge der Annahme des Grundsatzes, der die Abschaffung der besonders für den Angriff geeigneten Waffen bezwecke. Die spanische Delegation befinde sich bezüglich dieses Punktes in vollkommener Uebereinstimmung mit dem Vertreter Deutschlands, der der Ansicht sei, daß die Luftwaffe außerordentlich aggressiv und offensiv sei und daß infolgedessen die Luftwaffe als erste beseitigt werden müsse, wenn man den Grundsatz der Abschaffung der aggressiven und offensiven Waffen ernstlich durchführen wolle.

Drittens: Es sei offensichtlich, daß die Militärluftfahrt ein barbarisches Kampfmittel darstelle, und zwar deshalb, weil sie nicht genügend präzis sei, weil sie keine ausreichende Unterscheidung der zu bombardierenden Ziele erlaube. Man könne aus einem Flugzeug nicht zielen, wie man aus einer Batteriestellung zielen könne, und sei infolgedessen im erstgenannten Falle nicht so sicher hinsichtlich der Wirkungen der Bombardierung wie im letztgenannten.

Viertens: Man habe hier bereits auf das Argument hingewiesen, daß die Luftwaffe bezüglich der Kunstwerke, die insbesondere in Europa auf engem Raum von den verschiedenen Kulturen geschaffen worden seien, große Zerstörungen anrichten werde. Wenn das Unglück geschähe und in einer verhältnismäßig nahen Zukunft ein Krieg ausbräche, so würde dieser in Europa derart zerstörende Wirkungen haben, daß sich die gegenwärtige Generation nie von dem Vorwurf der Barbarei, den sie sich zuziehen würde, reinwaschen könne.

Schließlich bringe die Militärluftfahrt bedauerliche psychologische Wirkungen in diesem Zustand unruhigen Friedens hervor, der sich nur zu oft in den Kulturländern feststellen lasse. Das Vorhandensein einer Waffe, die sich so leicht zu einem plötzlichen Angriff einsetzen lasse, habe zwangsläufig in der internationalen Politik die Wirkung, eine nervöse Stimmung zu schaffen, die der Durchführung von Werken des Friedens und der Ruhe, die notwendigerweise Werke von langer Dauer seien, außerordentlich schade.

Aus allen diesen Gründen sei die spanische Delegation der Auffassung, daß es auf dem Gebiete der Luftfahrt unerläßlich sei, weiterzugehen, als es die britische

Delegation zweifellos aus Gründen der Vorsicht und um der Beschleunigung der Angelegenheit willen habe tun wollen. Die spanische Delegation würde sich sehr glücklich schätzen, wenn es ihr gelänge, die britische Delegation zu überreden, sich ohne jede Einschränkung auf den Weg der endgültigen und totalen Abschaffung der Luftwaffe zu begeben . . .

Herr de Madariaga ist in Anbetracht dieser Umstände der Ansicht, daß es für die Konferenz außerordentlich leicht sei, auf dem Gebiet der Luftfahrt zu dem wesentlichsten Erfolg zu gelangen, nämlich zur Abschaffung der mörderischsten Waffe, die heute über uns schwebe, und zur Schaffung eines großen internationalen Organismus, der die Völker zu Vertrauen und zur Zusammenarbeit erziehe.

Nr. 7

Abänderungsantrag der Union der Sozialistischen Sowjetrepubliken zu Artikel 34 des MacDonald-Plans und Erklärung des sowjetischen Vertreters Boris Stein in der Generalkommission der Konferenz für die Herabsetzung und Begrenzung der Rüstungen, 27. Mai 1933

(Auszug)

In Artikel 34 sind die Worte zwischen den Klammern zu streichen, nämlich: „... ausgenommen für polizeiliche Erfordernisse in gewissen entfernten Gebieten." Herr Stein (Union der Sozialistischen Sowjetrepubliken) glaubt, daß der Sinn dieser Aenderung vollkommen klar ist. Tatsächlich sollte keine Ausnahme von der allgemeinen Regel, die die Luftbombardierungen kategorisch untersagt, zugelassen werden, da sonst das Verbot selbst zunichte gemacht würde. Es möge ihm die Frage erlaubt sein, ob die Bombardierungserlaubnis in der Absicht gefordert wird, dem in Betracht kommenden Staat zu gestatten, dieses Mittel gegen seine eigenen Staatsbürger anzuwenden. Es ist kein Beispiel dafür bekannt, daß irgendeine Regierung eine Bombardierung aus der Luft als Polizeimaßnahme gegen ihre eigene Bevölkerung angeordnet hat, soweit es sich nicht um Einwohner entfernter Gebiete, etwa in den Kolonien usw., handelt. Es unterliegt keinem Zweifel, wie die Bevölkerung dieser entfernten Gebiete gegebenenfalls das Geschenk aufnehmen würde, das ihr mit dem Artikel 34 in seiner jetzigen Form gemacht werden soll. Die Gefahr ist noch größer infolge der dieser Ausnahme gegebenen Formulierung, die sich darauf beschränkt, nur von entfernten Gebieten zu sprechen, und sich wohl hütet, diese Gebiete näher zu bezeichnen. Es darf wohl angenommen werden, daß die Konferenz nicht einwilligen wird, im Wortlaut des künftigen Uebereinkommens eine solche geographische Neuerung beizubehalten, die von jeder Regierung nach eigenem Gutdünken ausgelegt werden könnte.

Wenn die Urheber des Entwurfs die feste Ueberzeugung haben, daß die Bevölkerung der entfernten Gebiete — wahrscheinlich wegen ihrer Entfernung vom Sitz der Verwaltung — gewissermaßen die Früchte der modernen Zivilisation in der Form von Bomben aus der Luft erhalten muß, wäre es wenigstens notwendig und vernünftig, von vornherein diejenigen Gebiete zu bezeichnen, deren Bevölkerung dieses traurige Vorrecht haben soll. Niemand wird bestreiten, daß die Sowjetunion gegebenenfalls berechtigt wäre, den Artikel 34 des Entwurfs des Vereinigten Königreichs in Anspruch zu nehmen, da jedweder Punkt ihres ungeheuren Gebiets als vom Mittelpunkt der Union entfernt angesehen werden könnte . . .

Nr. 8

Erklärung des britischen Vertreters Eden in der Generalkommission der Konferenz für die Herabsetzung und Begrenzung der Rüstungen, 27. Mai 1933

(Auszug)

Herr Eden (Vereinigtes Königreich) antwortet auf einige während der Diskussion vorgebrachte Bemerkungen. Zunächst wendet er sich einem Punkt von, wie er sagt, verhältnismäßig zweitrangiger Bedeutung zu: der einschränkenden Bestimmung des Artikels 34. Er sei nicht überrascht, so erklärt er, daß diese Ausnahmebestimmung Kritik hervorgerufen habe. Wäre er selber in der Lage der Redner, die diese Kritik vorbrachten, so hätte er sich in der gleichen Weise geäußert. Für den Augenblick wolle er sich hinsichtlich dieses Punktes damit begnügen, der Generalkommission den Grund dieses Vorbehaltes in voller Aufrichtigkeit zu erklären. Die Delegation des Vereinigten Königreiches bedauere ebenso wie jeder der Delegierten, die daran Kritik geübt hätten, daß man diese Bestimmung in den Entwurf habe aufnehmen müssen; aber im Grunde sei der Tatbestand, der in ihr zum Ausdruck komme, für niemand ein Geheimnis und den Völkerbundsmitgliedern nicht erst seit heute bekannt. Diese Art von Polizeiaktionen sei bereits in Gebieten unter Völkerbundmandat vorgenommen worden, und zwar, soweit er unterrichtet sei, ohne jemals irgendeinen Protest hervorgerufen zu haben. Deswegen wolle er sich in dieser Sitzung bemühen, nicht etwa das genannte Verfahren in abstracto zu verteidigen, sondern seinen Vorschlag, es in dem Konventionsentwurf beizubehalten, rechtfertigen.

Es gebe auf der Welt gewisse Gebiete, wo die Ausübung der Polizeigewalt auf Schwierigkeiten stoße, wie sie sonst nirgendwo anzutreffen seien, nämlich unzugängliche Gebirgsgegenden mit spärlicher Bevölkerung, wo wilde, bewaffnete Gebirgsstämme manchmal in übertriebener Weise dazu neigten, die Ruhe ihrer Nachbarn zu stören. Sorge man in diesen Gebieten nicht mit Hilfe der genannten Methode für die Aufrechterhaltung der Ordnung, so bleibe nichts anderes übrig, als Truppen des Heeres dafür zu verwenden, was die Notwendigkeit mit sich bringe, dort starke Streitkräfte zu unterhalten, um die Ordnung in normalen Zeiten zu gewährleisten, und dies könne, wenn es gelte, die Ordnung wiederherzustellen, zu hohen Verlusten führen, die nicht durch die Kämpfe selbst, sondern durch das Klima und andere Umstände verschuldet würden. Kurz gesagt, sei die Frage folgende: Wie lasse sich die Polizeigewalt in diesen Gebieten ausüben, in Anbetracht des Umstandes, daß die Entsendung eines Expeditionskorps Verluste an Menschen und Schädigungen der Gesundheit zur Folge habe. Die Methode des Luftbombardements sei häufig angewandt worden, wie diejenigen wüßten, die sich mit der Frage beschäftigt hätten . . .

Er glaube zu wissen, daß die Regierung des Irak der Ansicht sei, man könne augenblicklich nicht auf das Recht verzichten, Luftoperationen im Irak durchzuführen, und die Regierung des Vereinigten Königreiches teile diesen Standpunkt auf Grund der Erfahrung, die sie auf diesem Gebiet besitze.

Der Redner geht daraufhin zu einer, wie er erklärt, umfassenderen und wichtigeren Seite des Luftfahrt-Kapitels über. Seiner Ansicht nach habe man vollkommen recht, wenn man sage, daß keine Seite der Abrüstung die Einbildungskraft der Bevölkerung unmittelbarer aufrühre. Dies komme vielleicht daher, daß die Luftgefahr in der Vergangenheit nichts gegenüber dem bedeutet habe, was sie in der Zukunft sein werde. Es sei leider kein Jules Verne nötig, um einen furchtbaren Krieg zu beschreiben, in dem der wenigst exponierte Ort vielleicht der Schützengraben der ersten Frontlinie und der gefährdetste die Wohnstätten der Zivilbevölkerung wären...

Nr. 9

Erklärung des schweizerischen Vertreters Max Huber in der Generalkommission der Konferenz für die Herabsetzung und Begrenzung der Rüstungen, 27. Mai 1933

(Auszug)

Herr Max Huber (Schweiz) erklärt, daß es die schweizerische Delegation hinsichtlich des Artikels 34 für ihre Pflicht halte, alle auf die vollkommene, rückhalt- und vorbehaltlose Abschaffung des Luftbombardements, welcher Art es auch sei, abzielenden Vorschläge aufs wärmste zu unterstützen. Sie halte es nicht für notwendig, bei dieser Gelegenheit auf die Argumente zurückzukommen, die beredsam für eine solche Abschaffung sprächen. Im Namen von acht Staaten habe Herr Motta bereits im vergangenen Juli mit großem Nachdruck die dringende und gebieterische Notwendigkeit dieser Maßnahme dargelegt.*) Wie erinnerlich, habe er sich insbesondere auf die vom Internationalen Komitee vom Roten Kreuz auf diesem Gebiet geleisteten Arbeiten bezogen, das nach langwierigen und geduldigen Untersuchungen, die es unter Mitwirkung hervorragender Sachkenner und Juristen vorgenommen habe, zu der Folgerung gelangt sei, daß nur durch die totale Abschaffung eine praktische Lösung getroffen werden könne, die dem Menschheitsideal entspreche, dem unsere Zivilisation treu bleiben müsse, wenn sie nicht untergehen wolle...

*) In der Generalkommission der Konferenz für die Herabsetzung der Begrenzung der Rüstungen gab Herr Motta (Schweiz) am 21. Juli 1932 namens der belgischen, dänischen, spanischen, norwegischen, niederländischen, polnischen, schwedischen, tschecho-slowakischen und schweizerischen Delegationen eine Erklärung ab, welche die völlige Abschaffung des Luftbombardements forderte.

Nr. 10

Erklärung des norwegischen Vertreters Lange in der Generalkommission der Konferenz für die Herabsetzung und Begrenzung der Rüstungen, 27. Mai 1933

Herr Lange (Norwegen) erklärt, nur sehr zögernd das Wort zu ergreifen. In Anbetracht der Persönlichkeit des britischen Delegierten sei es außergewöhnlich schwierig, sich gegen ihn und gegen die Gründe auszusprechen, die er heute nachmittag bezüglich des Artikels 34 vor der Kommission dargelegt habe. Indessen halte er es für seine Pflicht, voll und ganz den Standpunkt aufrechtzuerhalten, den er vor der Kommission bei der allgemeinen Aussprache über den von der britischen Delegation vorgelegten Plan entwickelt habe.

Er halte den Inhalt der Klammer in diesem Artikel für außergewöhnlich gefährlich und vom juristischen Standpunkt aus für völlig unzulässig und unanwendbar. Nach Artikel 91 des Entwurfs solle jede Meinungsverschiedenheit über die Auslegung und Anwendung der Bestimmungen der vorliegenden Konvention dem Ständigen Internationalen Gerichtshof vorgelegt werden. Er frage sich nun — Herr Huber als ehemaliger Präsident des Gerichtshofs könnte hierüber mehr sagen —, welche Auslegung man dem Wort „entfernt" geben würde. Entfernt von wo? Herr Eden habe gesagt, daß es sich seiner Ansicht nach um gewisse genau bestimmte Gebiete handele, und er habe zu verstehen gegeben, an welche Gebiete er denke. Aber sei es allein die Regierung Seiner Majestät im Vereinigten Königreich, die diese Ausnahme geltend machen könne? Könne diese Ausnahme nicht auch von gewissen anderen Regierungen in Anspruch genommen werden? Was entfernt von London sei, sei nicht notwendigerweise entfernt von anderen Hauptstädten. Müsse man deshalb einen Anhang zu diesem Kapitel vorsehen, um zu erklären, daß man im Sinne von Artikel 34 dieses oder jenes Gebiet als eines der entfernten Gebiete ansehen müsse, in denen man das Luftbombardement als Polizeimaßnahme anwenden könne? Er würde sehr neugierig sein, zu wissen, wie ein solcher Anhang aussehen würde. Dies sei eine praktische und eine Rechtsfrage.

Es gebe noch einen anderen Gesichtspunkt, nämlich denjenigen der Folgen, die sich aus der Anwendung des Luftbombardements als Polizeimaßnahme ergeben würden. Könne man voraussehen, daß dieses Mittel nicht in gewissen Augenblicken im Verlauf eines Konflikts angewendet würde, der sich in einem anderen Teil der Welt entwickeln könnte? Wie könnte man der Gefahr begegnen, die diese Flugzeuge darstellen würden, da sie außergewöhnlich schnelle Transportmittel seien und sich in wenigen Stunden oder auf jeden Fall in einem oder zwei Tagen auf der anderen Seite des Erdballs befinden und dort eingesetzt werden könnten? Wie könne man weiterhin der Gefahr begegnen, die sich aus der Tatsache ergeben müßte, daß man technisches Personal besitzen würde, was gut geschult sei, nicht nur um diese Maschinen vorzubereiten, sondern auch um sie zu Kriegs- und Zerstörungszwecken zu benutzen?

Er glaube sich nicht zu täuschen, wenn er sage, daß die öffentliche Meinung in diesem Punkt völlig einmütig sei. Wenn man sich auf die in den verschiedenen Ländern hervorgetretenen Meinungsäußerungen berufe, so müsse man feststellen, daß man von der Konferenz e i n Ergebnis erwarte: die vollständige Abschaffung der besonders aggressiven Kriegsmittel. Die öffentliche

Meinung sei in gleicher Weise sehr bestimmter Ansicht hinsichtlich der Frage, welches diese besonders aggressiven Kriegsmittel seien, deren Verwendung sowohl wie deren Vorbereitung vollständig verboten werden müßten, und diese beiden Punkte, Verwendung und Vorbereitung, müßten einer Ueberwachung durch die in der Konvention vorgesehenen Kontrollorgane unterworfen werden.

Aus diesen Gründen werde die norwegische Delegation auf jeden Fall zugunsten der Vorschläge stimmen, die die völlige Abschaffung der Verwendung und das Verbot der Vorbereitung der Bombenwaffe bezweckten.

Nr. 11

Erklärung des Vertreters der Vereinigten Staaten Wilson in der Generalkommission der Konferenz für die Herabsetzung und Begrenzung der Rüstungen, 27. Mai 1933

(Auszug)

Herr Wilson (Vereinigte Staaten) erklärt, mit größtem Interesse zahlreiche Bemerkungen zu Artikel 34 angehört zu haben, die zweifellos einen tiefen Eindruck auf alle Delegierten machen müßten. Die Delegation der Vereinigten Staaten habe den britischen Plan so weitgehend unterstützt, daß die Delegation des Vereinigten Königreichs es ihm nicht verübeln dürfe, wenn er seinen Ansichten hierüber Ausdruck gäbe und die britische Delegation ersuche, dieselben in Erwägung zu ziehen.

Die Regierung der Vereinigten Staaten sei der Ansicht, daß man das Luftbombardement abschaffen müsse. Sie glaube, daß diese Abschaffung absolut, bedingungslos und allgemeingültig sein müsse. Er sei überzeugt, daß es nur ein Mittel gebe, um diese Abschaffung in Kriegszeiten auch zu erreichen, nämlich die Ueberzeugung zu festigen, daß das Luftbombardement ein Verbrechen sei. Die Anwendung einer solchen Waffe müsse uneingeschränkt moralisch geächtet werden, sonst würden die Notwendigkeiten des Krieges bestimmt zu ihrer Anwendung führen. Eine derartige moralische Aechtung und die Ueberzeugung, daß die Anwendung einer derartigen Waffe ein Verbrechen sei, seien nur dann möglich, wenn es keine Ausnahme von der Regel gebe; denn die geringste Ausnahme könne den moralischen Wert der Aechtung verfälschen...

Nr. 12

Erklärung des Britischen Lord-Präsidenten des Staatsrats Baldwin im Unterhaus, 30. Mai 1933

Mr. Lansbury (Bow and Bromley, Labour Party) fragte den Staatssekretär des Aeußeren, ob er irgendwelche Angaben machen könne über die Haltung der Abrüstungskonferenz in bezug auf den britischen Vorschlag, den Bombenabwurf aus der Luft für Polizeizwecke in gewissen entlegenen Gebieten beizubehalten, und ob die Regierung beabsichtige, diese Frage im Hinblick auf die erhobenen Einwände einer nochmaligen Prüfung zu unterziehen.*)

Mr. Baldwin, Lord-Präsident des Staatsrats (Bewdley, Unionist): Die Politik der Regierung Seiner Majestät in dieser Angelegenheit ist nach gründlicher Erwägung festgelegt worden. Sie wurde dem Haus im vergangenen November in der Regierungsvorlage Nr. 4189 mitgeteilt und ist kürzlich in Genf von dem Unterstaatssekretär des Aeußeren von neuem dargelegt worden.**)

Mr. Lansbury: Ich bin dem sehr ehrenwerten Herrn außerordentlich dankbar dafür, daß er uns gesagt hat, was wir bereits alle wußten. Es wäre mir aber lieb, wenn er auch den letzten Teil meiner Frage beantwortete, ob nämlich die Regierung in Anbetracht dessen, was in Genf geschehen ist, irgendwie die Absicht hat, die Angelegenheit einer nochmaligen Prüfung zu unterziehen, und zwar besonders im Hinblick auf die Tatsache, daß es möglicherweise wegen der Haltung der Britischen Regierung nicht zur Abschaffung des Luftkrieges kommt.

Mr. Baldwin: Ich glaube nicht, daß diese Annahme unbedingt richtig sein muß. Das Unterhaus kann nicht erwarten, daß die Regierung von einer Politik, zu der sie sich nach reiflicher Ueberlegung entschlossen hat, abgeht, weil Einwände dagegen erhoben worden sind. Der Weg, den die Regierung einzuschlagen hat, ist klar — sie hat ihre Gründe zu erklären und den Einwänden entgegenzutreten. Das wird in Genf versucht.

---

*) Die „Times" vom 31. Mai 1933 brachte zu diesem Thema noch folgende Meldung ihres parlamentarischen Berichterstatters:

Lord Londonderry, der Staatssekretär für Luftfahrt, ist gestern im Flugzeug nach Genf abgereist, um der Abrüstungskonferenz zu erklären, aus welchen Gründen die Regierung bei ihrem Entschluß bleibe, auf die Beibehaltung des Bombenabwurfs aus der Luft als Mittel der Polizeigewalt in Grenzbezirken zu dringen.

Eine Gruppe, die die Nationale Regierung unterstützt, darunter Mr. Vyvyan Adams, Fregattenkapitän Bower, Major C. P. Entwistle, Sir John Haslam, Mr. J. C. M. Guy, Miß Graves, Dr. O'Donovan, Mr. R. A. Spencer, Sir Eugene Ramsden, Mr. Potter, Mr. Luke Thompson, Mr. W. G. Pearson, Mr. O. Lewis, Lord Elmley, Mr. Stones, Mr. Clarke, Mr. Allen Reid, Sir George Gillet und Mr. Hammersley, reichte gestern abend einen Antrag ein, in dem erklärt wird:

„Das Unterhaus werde die Regierung Seiner Majestät darin unterstützen, in Genf auf die völlige, vorbehaltlose Abschaffung des Bombenabwurfs aus der Luft zu dringen."

**) Vgl. Nr. 8.

Mr. Lansbury: Gewiß, aber das Haus und das ganze Land leiden darunter, daß man nur aus den Zeitungen erfahren kann, was die Sprecher der Regierung über diese Angelegenheit sagen. Wir wünschen eine klare Antwort auf die Frage, ob die Haltung der Regierung Seiner Majestät in dieser Angelegenheit eine neuerliche Ueberprüfung nicht zuläßt, selbst wenn dies bedeutet, daß die Konferenz durch diese Frage zum Scheitern gebracht wird.

Mr. Baldwin: Ich will auf eine so hypothetische Annahme wie die, daß die Konferenz zum Scheitern gebracht würde, nicht eingehen. Ich habe die Lage sehr klar dargelegt und habe dem nichts hinzuzufügen.

Nr. 13

Memorandum der Reichsregierung zur Rüstungs- und Gleichberechtigungsfrage vom 18. Dezember 1933*)

(Auszug)

. . . . . .

Der Vorschlag der Deutschen Regierung geht dahin:

. . . . . .

4. Alle Staaten anerkennen gewisse Verpflichtungen einer humanen Kriegsführung bzw. einer Vermeidung gewisser Kriegswaffen in ihrer Anwendung gegen die zivile Bevölkerung.

. . . . . .

*) Nachdem sich Deutschland am 14. Oktober 1933 zum Austritt aus der Abrüstungskonferenz gezwungen gesehen hatte, leitete die Reichsregierung wenige Wochen später diplomatische Verhandlungen mit den führenden europäischen Mächten ein, um auf diesem Wege zu einer Lösung des Abrüstungsproblems zu gelangen. Die nunmehr von der Deutschen Regierung vorgelegten neuen Vorschläge werden in dem Memorandum über die Rüstungs- und Gleichberechtigungsfrage zusammengefaßt, das am 18. Dezember 1933 vom Reichsminister des Auswärtigen dem Französischen Botschafter in Berlin übergeben wurde.

Nr. 14

Memorandum der Britischen Regierung zur Rüstungs- und Gleichberechtigungsfrage vom 29. Januar 1934*)

(Auszug)

. . . . . .

15 (c). Luftrüstungen. Die Regierung Seiner Majestät hat wiederholt darauf hingewiesen, wie wichtig es ist, daß eine Einigung über die Begrenzung und Verminderung der Luftrüstungen erzielt wird, die sich in Zukunft als die gefährlichsten Kriegswaffen der Menschheit erweisen dürften. Reifliche Erwägung hat sie von der Richtigkeit der Vorschläge überzeugt, die in Artikel 34—41 ihres Konventionsentwurfes**) enthalten sind. Artikel 35 fordert, daß die Ständige Abrüstungskommission unverzüglich die Aufgabe in Angriff nehmen soll, die denkbar besten Pläne für die vollständige Abschaffung der Militär- und Marineluftfahrt zu entwerfen; diese muß jedoch eine wirksame Kontrolle der zivilen Luftfahrt zwecks Verhinderung ihres Mißbrauchs für militärische Zwecke zur Voraussetzung haben. Der Regierung Seiner Majestät ist bekannt, daß die deutsche Delegation in Genf eine Aenderung dieses Artikels anregte, indem sie die vollständige Abschaffung der Militär- und Marineluftfahrt vorschlug, ohne dabei jedoch eine besondere Regelung für das Problem der Zivilluftfahrt vorzusehen. Die zur Erörterung dieses Vorschlags geeignete Gelegenheit würde die in Artikel 35 vorgesehene, unverzüglich einsetzende Untersuchung sein. Nach Ansicht der Regierung Seiner Majestät würde es die Aussichten der Untersuchung beeinträchtigen, wenn Parteien, die bisher zum Besitz von Militär-Luftfahrzeugen nicht berechtigt waren, solche beanspruchen würden, solange die Ergebnisse der Untersuchung noch nicht feststehen. Gleichzeitig erkennt sie unumwunden an, daß von Deutschland und anderen Staaten, die gegenwärtig keine Militärluftfahrt haben dürfen, nicht verlangt werden kann, ihre Ansprüche auf lange Zeit zurückzustellen. Sie regt daher an, daß der „status quo", dessen Aufrechterhaltung in Artikel 36 ihres Konventionsentwurfes vorgesehen worden ist, folgendermaßen geändert werden soll:

Wenn die Ständige Abrüstungskommission nach Ablauf von zwei Jahren die Abschaffung nicht beschlossen hat, sollen alle Länder das Recht haben, eine Militärluftfahrt zu besitzen. Die Länder würden in den folgenden acht Jahren je nach ihrer Lage ihre Bestände schrittweise entweder vermindern oder erhöhen, so daß sie bis zum Ablauf der Konvention zu den Zahlen gelangen, die in der Tabelle bei Artikel 41 angegeben sind, oder auch auf andere Zahlen, die noch zu vereinbaren wären.

Durch dieses schrittweise Vorgehen würde Deutschland Parität mit den Hauptluftmächten erlangen; entsprechende Bestimmungen wären für andere Mächte vorzusehen, die gegenwärtig keine Militär- oder Marineluftfahrt haben dürfen.

. . . . . .

*) Das Memorandum wurde der Reichsregierung in Verfolg der von Deutschland eingeleiteten diplomatischen Verhandlungen von der Britischen Regierung übermittelt.

**) Es handelt sich um den am 16. März von der Britischen Regierung der Konferenz für die Herabsetzung und Begrenzung der Rüstungen vorgelegten Entwurf einer Abrüstungskonvention (Mac-Donald-Plan) (vgl. Nr. 5).

Nr. 15

Erklärung des Britischen Unterstaatssekretärs für die Luftfahrt Sir Philip Sassoon im Unterhaus, 8. März 1934

(Auszug)

... Ich habe das Gefühl, heute nachmittag vor einer durchaus nicht leichten Aufgabe zu stehen. Wie ich weiß, gibt es in diesem Hause zwei diametral entgegengesetzte Richtungen, die mit viel Ernsthaftigkeit und Nachdruck verschiedene Ansichten über die Frage der bewaffneten Macht im allgemeinen und der Royal Air Force im besonderen vertreten. Vielleicht weichen die Ansichten der beiden Richtungen augenblicklich schärfer als je voneinander ab. Auf der einen Seite stehen die, die in der Luftwaffe eine unmittelbare, nahe Gefahr für das Weiterbestehen unserer heutigen Zivilisation sehen und denen es am liebsten wäre, wenn überhaupt alle Militärflugzeuge verschwinden würden. Auf der anderen Seite stehen die, die die Vorsorge, die Seiner Majestät Regierung für die Luftverteidigung dieser Insel getroffen hat, völlig unzureichend finden und die eine sofortige starke Vermehrung unserer Militärflugzeuge wünschen... Ich hoffe, daß es mir gelingen wird, die gemäßigte Gruppe, die die Stütze des Hauses ist, davon zu überzeugen, daß die Regierung unter äußerst schwierigen und heiklen Verhältnissen vernünftig und richtig verfährt. Gelingt mir das, so will ich sehr zufrieden sein ...

Im vergangenen Jahr habe ich darzulegen versucht, welche riesigen Möglichkeiten die Luftmacht, obgleich sie eine der schrecklichsten Kriegswaffen ist, auch als Werkzeug des Friedens bietet. Mein Lohn dafür war der gleiche, wie er vielen Menschen zuteil wird, die etwas, was wenige Jahre später schon zu einem Gemeinplatz geworden ist, zu einer Zeit befürworten, wo es noch paradox erscheint. Diejenigen die anderer Meinung waren, versuchten, mein Argument ins Lächerliche zu ziehen und ihm dadurch den Wind aus den Segeln zu nehmen. Und doch bringt jedes Jahr neue Beispiele für die Wahrheit dessen, was ich gesagt habe. Denn daß die Royal Air Force Heuschrecken bekämpft, wollene Decken abwirft, gefährdete Zivilpersonen evakuiert oder Kranken und Verletzten ärztliche Hilfe bringt, ist ja nicht ihr einziges Friedenswerk, obgleich die Liste dieser menschenfreundlichen Betätigungsarten lang ist. Bei der Errichtung der Herrschaft des Rechts und beim Schutz von Leben, Freiheit und Gut der Untertanen an den Grenzen des Weltreichs geht der Polizist mit dem Philanthropen Hand in Hand.

Vielleicht wird das Haus mir gestatten, zur Erläuterung meiner Ausführungen ein paar typische Fälle anzuführen, die kürzlich vorgekommen sind. Vor wenigen Wochen wurde das Gebiet eines Stammes weit im Hinterland von Aden, der dem Namen nach unter unserem Schutz steht, von Angehörigen eines feindlichen Stammes überrannt, die von jenseits der Grenze kamen. Geiseln wurden genommen, es wurde geplündert, und es schien die Gefahr zu bestehen, daß es zu einem Regime der Unterdrückung von außen her kommen könnte, wie es vor dem Beginn der Luftkontrolle in einem großen Teil des Schutzgebiets bestanden hatte. Es wurde eine strenge Warnung erlassen, daß, wenn die Geiseln und die Beute nicht zurückgegeben würden und nicht sofort jegliche Belästigung aufhörte, Strafmaßnahmen aus der Luft gegen die Grenzforts der Friedensstörer ergriffen werden würden. Die Warnung führte in denkbar kürzester Zeit zu einem völlig zufriedenstellenden Ergebnis. Beute und Geiseln wurden zurückgegeben, und alle Angriffe hörten auf, und zwar ohne daß ein einziger Schuß abgefeuert oder eine einzige Bombe abgeworfen worden wäre, und ohne alle Verluste. Ein zweiter Fall erinnert einen an den Kampf, der durch das Buch „Alice through the Looking Glass" unsterblich geworden ist. Einige unserer Flugzeuge kamen von einem gewöhnlichen Dienstflug zurück, als sie unter sich Stammeskämpfe im vollen Gange sahen. Ein starker Stamm von jenseits der Grenze hatte soeben einen Angriff auf einen unserem Schutz unterstehenden Stamm begonnen, als unsere Flugzeuge durch einen glücklichen Zufall auf der Bildfläche erschienen. Beim bloßen Anblick des Polizisten — der, wie sie meinten, auf wunderbare Weise in noch kürzerer Frist als gewöhnlich herbeizitiert worden war — brachen die Angreifer den Kampf ab und zerstreuten sich schleunigst. Wer seinen Lewis Carroll gelesen hat, wird sich gewiß noch daran erinnern, wie Tweedledum und Tweedledee beschlossen, sich eine Schlacht zu liefern, und wie dann plötzlich ein Ungetüm von einem Vogel hinzukam und beide Helden so in Schrecken versetzte, daß sie ihren Streit ganz darüber vergaßen. In diesem Fall war die Wirklichkeit sogar noch besser als das Märchen, denn nur die Bösen wurden durch den Schreck zur Tugend zurückgeführt.

Fälle wie diese, die an allen unseren Grenzen häufig vorkommen, waren der Anlaß dazu, daß Seiner Majestät Regierung darauf bestand, daß der Bombenabwurf aus der Luft zu polizeilichen Zwecken in entlegenen Bezirken von einem etwaigen allgemeinen Verbot der Luftbombardierung ausgenommen werden soll. Das Abwerfen von Bomben ist schließlich erst das letzte Stadium des polizeilichen Vorgehens, und in den meisten Fällen ist der Friede bald hergestellt, ohne daß überhaupt Gewalt gebraucht wird. Der Gummiknüppel des Polizisten tritt ja auch nur selten in Aktion, und meist genügt es, einfach zu sagen: „Weitergehen!" So hat sich z. B. in einem Fall eine Ansprache aus der Luft durch Lautsprecher — oder vielleicht müßte ich sagen: durch Sehr-Laut-Sprecher — als besonders wirksam erwiesen. Versagt dies, so werden die Friedensstörer auf den Gummiknüppel noch besonders aufmerksam gemacht, ehe er wirklich in Aktion tritt. Mit anderen Worten: wir werfen zunächst zur Warnung blinde Bomben ab. Erst wenn alle diese einleitenden Maßnahmen nicht zu dem gewünschten Ergebnis geführt haben, werden wirklich scharfe Bomben abgeworfen. Im Laufe des letzten Jahres hatte ich Gelegenheit, eine Statistik darüber aufzustellen, wie durch den Einsatz von Luftstreitkräften der „Blutpreis'" gesunken und fast ganz weggefallen ist, mit dem wir vor der Zuziehung von Luftstreitkräften einen ungewissen Frieden an den Grenzen unseres Weltreichs in der Regel bezahlen mußten. Ich will das Haus nicht mit Zahlen langweilen, die allen zugänglich und den meisten bekannt sind, aber ich halte es in Anbetracht dieser Zahlen für undenkbar, daß wir nach den Erfahrungen, die wir mit den neuen Methoden gemacht haben, auf die alten zurückkommen. Wenn wir das täten, so könnte es nur ungeheure Opfer von Menschenleben auf beiden Seiten mit sich bringen — bei uns selbst nicht minder als beim Feinde. Gerade die Menschlichkeit fordert, daß wir, wenn das neue Werkzeug sich zehn Jahre lang als wirksam und human erwiesen hat, es nicht leichtfertig fortwerfen . . .

Nr. 16

Erläuterungen der Reichsregierung zur Frage der Verwirklichung der Gleichberechtigung, 16. April 1934*)

(Auszug)

Die Deutsche Regierung ist bereit, das Memorandum des Vereinigten Königreichs vom 29. Januar 1934**) als Grundlage für eine Konvention anzunehmen, jedoch unter dem Vorbehalt gewisser wichtiger Aenderungen. Die Deutsche Regierung hält es für unmöglich, zwei Jahre lang auf angemessene Mittel zur Verteidigung in der Luft zu warten. Sie wünscht, vom Beginn der Konvention an, eine Verteidigungsluftflotte von Flugzeugen mit kurzer Reichweite, zu der keine Bombenflugzeuge gehören würden, zu besitzen. Die zahlenmäßige Stärke dieser Luftflotte würde 30 Prozent der zusammengerechneten Militärluftstreitkräfte der Nachbarn Deutschlands oder 50 Prozent der Militärluftflotte Frankreichs (d. h. derjenigen, die es in Frankreich selbst und in seinen nordafrikanischen Gebieten besitzt) — je nachdem, welche Zahl die geringere ist — nicht überschreiten. Diese Forderung erhebt die Deutsche Regierung ohne Präjudiz für das Ergebnis der in dem Memorandum des Vereinigten Königreichs vorgeschlagenen Untersuchung über die Luftfrage, die, wie vorgeschlagen, stattfinden würde und die wenigstens die Bombenflugzeuge abschaffen sollte. Deutschland verlangt während der ersten fünf Jahre einer zehn Jahre laufenden Konvention keine hierüber hinausgehende Zahl von Militärflugzeugen; aber nach diesen fünf Jahren verlangt es, daß die nötigen Herabsetzungen und Erhöhungen vorgenommen werden, so daß es am Ende der zehn Jahre dauernden Konvention volle zahlenmäßige Gleichheit mit den Hauptluftmächten erhalten würde.

. . . . . .

*) Vom Reichsminister des Auswärtigen dem Britischen Botschafter in Berlin am 16. April 1934 übergeben.

**) Vgl. Nr. 14.

Nr. 17

Communiqué über die britisch-französischen Besprechungen in London, 3. Februar 1935*)

(Auszug)

Der Zweck der in London erfolgten Zusammenkunft zwischen den französischen und britischen Ministern war, den Frieden der Welt durch engere europäische Zusammenarbeit in einem Geiste freundschaftlichsten Vertrauens zu fördern und den Tendenzen entgegenzuwirken, die, wenn ihnen nicht Einhalt geboten wird, dazu angetan sind, zu einem Rüstungswettrennen zu führen und die Kriegsgefahren zu vermehren.

. . . . . .

Im Verlauf dieser Zusammenkünfte haben die französischen und britischen Minister unter dem Eindruck der besonderen Gefahren für den Frieden gestanden, die durch die moderne Entwicklung der Luftfahrt geschaffen worden sind, deren Mißbrauch zu plötzlichem Luftangriff eines Landes auf das andere führen könnte, und haben die Möglichkeit erwogen, Vorsorge gegen diese Gefahren durch eine gegenseitige regionale Vereinbarung zwischen bestimmten Mächten zu treffen. Es wird vorgeschlagen, daß die Unterzeichner sich unverzüglich verpflichten, die Unterstützung ihrer Luftstreitkräfte jedem unter ihnen zu gewähren, der das Opfer eines nicht herausgeforderten Luftangriffs von seiten einer der vertragschließenden Teile werden sollte. Die französischen und britischen Minister stellten im Namen ihrer Regierungen Uebereinstimmung darin fest, daß eine gegenseitige Vereinbarung dieser Art für Westeuropa in hohem Maße dazu beitragen würde, als ein Abschreckungsmittel vor Angriffen zu wirken und den Schutz vor plötzlichen Angriffen aus der Luft sicherzustellen, und sie haben beschlossen, Italien, Deutschland und Belgien einzuladen, mit ihnen zu erwägen, ob über eine solche Konvention nicht unverzüglich verhandelt werden könnte. Sie wünschen ernstlich, daß alle in Betracht kommenden Länder anerkennen, daß der Zweck dieses Vorschlages ist, den Frieden zu stärken — das einzige Ziel, das von den beiden Regierungen verfolgt wird.

. . . . . .

*) Das Communiqué wurde am 3. Februar 1935 der Deutschen Regierung vom Britischen Botschafter in Berlin übergeben.

Nr. 18

Antwort der Reichsregierung auf das Londoner Communiqué vom 3. Februar 1935*), 13. Februar 1935

(Auszug)

. . . Die Deutsche Regierung begrüßt den Vorschlag, die Sicherheit vor plötzlichen Angriffen aus der Luft zu erhöhen durch eine baldmöglichst abzuschließende Konvention, die den unmittelbaren Einsatz der Luftstreitkräfte der Unterzeichner zugunsten des Opfers eines nicht herausgeforderten Luftangriffes vorsieht. Sie ist grundsätzlich bereit, ihre Luftstreitkräfte als Abschreckungsmittel gegen Friedensstörungen einzusetzen. Sie ist daher geneigt, in freier Vereinbarung mit den in Frage kommenden Regierungen alsbald Mittel und Wege zu finden, mit denen eine solche Konvention verwirklicht werden kann, welche die größtmögliche Sicherheit aller Unterzeichner verbürgt.

Die Deutsche Regierung ist der Auffassung, daß Verhandlungen in größerem Kreise, die nicht genügend vorbereitet sind, erfahrungs- und naturgemäß Reibungen mit sich bringen, die im Interesse des Abschlusses einer solchen, in ihren Auswirkungen völlig neuartigen Luftkonvention vermieden werden sollten. Bevor die Deutsche Regierung an solchen Verhandlungen teilnimmt, hält sie es für wünschenswert, eine Reihe grundsätzlicher Vorfragen in Einzelbesprechungen mit den beteiligten Regierungen zu klären. Sie würde es deshalb begrüßen, wenn — nach den vorangegangenen französisch-britischen Beratungen — zunächst die Königlich Britische Regierung als diejenige Teilnehmerin an den Londoner Besprechungen, die zugleich Garant von Locarno ist, bereit wäre, hierüber in einen unmittelbaren Meinungsaustausch auch mit der Deutschen Regierung zu treten.

Die Deutsche Regierung ist sich eins mit der Königlich Britischen und der Französischen Regierung in der Auffassung, daß der Abschluß einer Luftkonvention ein bedeutsamer Schritt auf dem Wege zur Solidarität der europäischen Staaten wäre und geeignet sein kann, auch die anderen europäischen Probleme einer alle Staaten befriedigenden Lösung entgegenzuführen.

---

*) Vgl. Nr. 17.

Nr. 19

Unterhausrede des Britischen Außenministers Sir John Simon vom 9. April 1935*)

(Auszug)

. . . Hitler erklärte, daß die Deutsche Regierung dem in der Londoner Vereinbarung enthaltenen Vorschlag eines Luftpaktes zwischen den Locarnomächten) günstig gegenüberstehe . . .**

*) In dieser Rede wurde ein Bericht über den Besuch Sir John Simons und des Lordsiegelbewahrers Eden in Berlin vom 25. und 26. März 1935 gegeben.

**) Vgl. Nr. 18.

Nr. 20

Führerrede vom 21. Mai 1935 (Reichstagssitzung)

(Auszug)

. . . . . .

7. Die Deutsche Reichsregierung ist bereit, zur Ergänzung des Locarnopakts einem Luftabkommen zuzustimmen und in seine Erörterung einzutreten.

. . . . . .

9. Die Deutsche Reichsregierung ist bereit, sich an allen Bestrebungen aktiv zu beteiligen, die zu praktischen Begrenzungen uferloser Rüstungen führen können. Sie sieht den einzig möglichen Weg hierzu in einer Rückkehr zu den Gedankengängen der einstigen Genfer Konvention des Roten Kreuzes. Sie glaubt zunächst nur an die Möglichkeit einer schrittweisen Abschaffung und Verfemung von Kampfmitteln und Kampfmethoden, die ihrem innersten Wesen nach im Widerspruch stehen zur bereits geltenden Genfer Konvention des Roten Kreuzes.

Sie glaubt dabei, daß, ebenso wie die Anwendung von Dum-Dum-Geschossen einst verboten und im großen und ganzen damit auch praktisch verhindert wurde, auch die Anwendung anderer bestimmter Waffen zu verbieten und damit auch praktisch zu verhindern ist. Sie versteht darunter alle jene Kampfwaffen, die in erster Linie weniger den kämpfenden Soldaten als vielmehr den am Kampfe selbst unbeteiligten Frauen und Kindern Tod und Vernichtung bringen.

Die Deutsche Reichsregierung hält den Gedanken, Flugzeuge abzuschaffen, aber das Bombardement offen zu lassen, für irrig und unwirksam. Sie hält es aber für möglich, die Anwendung bestimmter Waffen international als völkerrechtswidrig zu verbannen und die Nationen, die sich solcher Waffen dennoch bedienen wollen, als außerhalb der Menschheit und ihrer Rechte und Gesetze stehend zu verfemen.

Sie glaubt auch hier, daß ein schrittweises Vorgehen am ehesten zum Erfolg führen kann. Also: Verbot des Abwerfens von Gas-, Brand- und Sprengbomben außerhalb einer wirklichen Kampfzone. Diese Beschränkung kann bis zur vollständigen internationalen Verfemung des Bombenabwurfs überhaupt fortgesetzt werden. Solange aber der Bombenabwurf als solcher freisteht, ist jede Begrenzung der Zahl der Bombenflugzeuge angesichts der Möglichkeit des schnellen Ersatzes fragwürdig.

Wird der Bombenabwurf aber als solcher als völkerrechtswidrige Barbarei gebrandmarkt, so wird der Bau von Bombenflugzeugen damit bald als überflüssig und zwecklos von selbst sein Ende finden. Wenn es einst gelang, durch die Genfer Rote-Kreuz-Konvention die an sich mögliche Tötung des wehrlos gewordenen Verwundeten oder Gefangenen allmählich zu verhindern, dann muß es genau so möglich sein, durch eine analoge Konvention den Bombenkrieg gegen die ebenfalls wehrlose Zivilbevölkerung zu verbieten und endlich überhaupt zur Einstellung zu bringen.

Deutschland sieht in einer solchen grundsätzlichen Anfassung dieses Problems eine größere Beruhigung und Sicherheit der Völker als in allen Beistandspakten und Militärkonventionen . . .

Wir glauben, daß, wenn die Völker der Welt sich einigen könnten, ihre gesamten Brand-, Gas- und Sprengbomben gemeinsam zu vernichten, dies eine billigere Angelegenheit sein würde, als sich mit ihnen gegenseitig zu zerfleischen . . .

Nr. 21

Erklärung des Britischen Staatssekretärs für die Luftfahrt Lord Londonderry im Oberhaus, 22. Mai 1935

(Auszug)

. . . 1932 trat die Abrüstungskonferenz zusammen, und fast die ersten Diskussionen drehten sich um die Möglichkeit der gänzlichen Abschaffung der Luftstreitkräfte oder wenigstens der Abschaffung der Artillerie der Luft, des Bombenflugzeuges, das das besondere Kampfmittel der Luftwaffe ist und dem sie ihre Sonderexistenz verdankt.

Während dieser Periode, die für jeden Luftfahrtminister schwierig war und besonders für einen wie mich, der immer von der vordringlichen Bedeutung der Aufrechterhaltung leistungsfähiger Luftstreitkräfte für die Sicherheit unseres Landes überzeugt gewesen ist, habe ich meinen Kollegen und dem ganzen Land immer wieder eingehämmert, welche lebenswichtige Stellung die Royal Air Force in unserem Verteidigungsplan einnimmt. Ich hatte zu dieser Zeit bei dem allgemeinen Schrei der Entrüstung die größten Schwierigkeiten, den Gebrauch des Bombenflugzeuges auch nur für die Grenzen im Mittleren Osten und in Indien beizubehalten, wo es nur dem Vorhandensein der Air Force zu verdanken war, daß wir diese Gebiete in Schach halten konnten, ohne das wie früher mit Blut und Geld teuer zu bezahlen. Ich war gewiß, daß man bei praktischer Prüfung der Ideale der Abschaffung der Luftstreitkräfte entdecken würde, wie undurchführbar sie im heutigen Zustand der Welt sind. Wir konnten die Uhr nicht zurückstellen. Begrenzung, nicht Abschaffung war alles, was wir wirklich erhoffen konnten . . .

Nr. 22

Instruktion des Britischen Außenministers an den Britischen Geschäftsträger in Berlin, 1. August 1935*)

(Auszug)

Herr Geschäftsträger!

Ich bat den Deutschen Botschafter, heute morgen bei mir vorzusprechen zwecks Rücksprache über die Lage des Luftpacktes. Ich wiederholte zunächst, was ich schon oft vorher über die Notwendigkeit gesagt habe, die Verhandlungen über den Ostpakt in Angriff zu nehmen, wenn wir überhaupt eine Aussicht haben sollen, diesen Luftpakt in die Wege zu leiten. Der Botschafter wiederholte einige frühere Feststellungen über den Ostpakt. Er fügte jedoch hinzu, daß er mir erfreulicherweise eine mündliche Nachricht seiner Regierung über die Stellung der Locarnomächte unter dem französisch-russischen Vertrag übermitteln könne...

*) Nach dem britischen Weißbuch Cmd. 5143 (Nr. 36).

Nr. 23

Unterhausrede des Britischen Außenministers Sir Samuel Hoare vom 1. August 1935

(Auszug)

... Bezüglich der Frage eines Ostpaktes werden sich die Herren noch der gestern von mir erteilten Antwort entsinnen. Ich wiederhole sie. Ich betrachte den Abschluß eines Ostpaktes als eines der wichtigsten Momente auf dem Gebiet der europäischen Entwicklung. Mir ist es durchaus klar, daß, wenn wir auf dem Gebiet des Ostpaktes nicht weiter kommen, es sehr schwierig sein wird, einen befriedigenden Fortschritt mit dem Luftpakt und einigen anderen Maßnahmen zur Befriedigung und Versöhnung Europa's zu verzeichnen. Sie, meine Herren, dürfen versichert sein, daß ich diesen Standpunkt der Deutschen Regierung wie auch anderen europäischen Regierungen gegenüber weiterhin geltend machen werde. Ich selbst sehe keinen Grund, warum, so wie die Dinge augenblicklich liegen, ein Ostpakt nicht abgeschlossen werden sollte, auch bin ich sicher, daß, wenn es zum Abschluß eines Ostpaktes kommt, dieser als eine Versöhnungsmaßnahme in Mittel- und Osteuropa angesehen und eine große Hilfe für den Abschluß eines Luftpaktes darstellen wird, wie er nicht nur von uns selbst, sondern auch von der Deutschen Regierung gewünscht wird...

Nr. 24

Führerrede vom 7. März 1936 (Reichstagssitzung)

(Auszug)

... Ich habe den sehr konkreten Grundsatz ausgesprochen, daß die Sammelprogramme einer internationalen Paktomanie ebenso wenig Aussicht auf Verwirklichung besitzen wie die Generalvorschläge einer unter solchen Umständen von vornherein schon als undurchführbar erwiesenen Weltabrüstung. Ich habe demgegenüber betont, daß nur schrittweise an diese Fragen herangetreten werden kann, und zwar nach der Richtung des vermutlich geringsten Widerstandes hin. Ich habe aus dieser Ueberzeugung heraus den konkreten Vorschlag auch für einen Luftpakt entwickelt, unter der Zugrundelegung gleicher Stärken für Frankreich, England und Deutschland. Das Ergebnis war zunächst eine Mißachtung dieses Vorschlages und dann die Hereinführung eines neuen, in seinem militärischen Ausmaß unberechenbaren osteuropäisch-asiatischen Faktors in das europäische Gleichgewichtsfeld.

......

Die Deutsche Reichsregierung erklärt sich bereit, auf der Grundlage der nachstehenden Vorschläge sofort neue Vereinbarungen für die Aufrichtung eines Systems der europäischen Friedenssicherung zu treffen.

......

5. Die Deutsche Reichsregierung ist bereit, zur weiteren Verstärkung dieser Sicherheitsabmachungen zwischen den Westmächten einen Luftpakt abzuschließen, der geeignet ist, der Gefahr plötzlicher Luftangriffe automatisch und wirksam vorzubeugen ...

Nr. 25

Memorandum der Reichsregierung vom 31. März 1936*)

(Auszug)

Mit aufrichtiger Zustimmung hat die Deutsche Regierung von dem Botschafter von Ribbentrop erfahren, daß es der Wunsch der Britischen Regierung und des britischen Volkes ist, baldmöglichst mit den praktischen Arbeiten für eine wahre Befriedung Europas zu beginnen. Dieser Wunsch deckt sich mit den innersten Absichten und Hoffnungen des deutschen Volkes und seiner Führung.

. . . . . .

Zu diesem Zwecke schlägt die Deutsche Regierung nun folgenden Friedensplan vor:

. . . . . .

13. Die Deutsche Regierung wiederholt hiermit den Vorschlag für den Abschluß eines Luftpaktes als Ergänzung und Verstärkung dieser Sicherheitsabmachungen.

. . . . . .

Die Deutsche Reichsregierung schlägt daher vor die spätere Einberufung von Konferenzen mit jeweils nur einer, aber klar umrissenen Aufgabe.

Sie sieht es als die zunächst wichtigste Aufgabe an, den Luftkrieg in die moralische und menschliche Atmosphäre der seinerzeit durch die Genfer Konvention dem Nichtkriegsteilnehmer oder dem Verwundeten zugebilligten Schonung zu bringen. So wie die Tötung wehrloser Verwundeter oder Gefangener oder die Verwendung von Dum-Dum-Geschossen oder die Führung des warnungslosen U-Boot-Krieges durch internationale Konventionen geregelt bzw. verboten worden sind, muß es einer zivilisierten Menschheit gelingen, auch auf den Gebieten neuer Waffenanwendung die Möglichkeit einer sinnlosen Entartung zu unterbinden, ohne dem Zweck der Kriegführung zu widersprechen.

Die Deutsche Regierung schlägt daher für diese Konferenzen zunächst als praktische Aufgaben vor:

1. Verbot des Abwurfes von Gas-, Gift- und Brandbomben.
2. Verbot des Abwurfes von Bomben jeglicher Art auf offene Ortschaften, die sich außerhalb der Reichweite der mittleren schweren Artillerie der kämpfenden Fronten befinden.
3. Verbot der Beschießung von Ortschaften mit weittragenden Kanonen außerhalb einer Gefechtszone von 20 Kilometer.
4. Abschaffung und Verbot des Baues von Tanks schwerster Art.
5. Abschaffung und Verbot schwerster Artillerie.

Sowie sich aus solchen Besprechungen und Abmachungen die Möglichkeiten der weiteren Begrenzung der Rüstungen ergeben, sind diese wahrzunehmen.

Die Deutsche Regierung erklärt sich schon jetzt bereit, jeder solchen Regelung, soweit sie international gültig wird, beizutreten.

. . . . . .

---

*) Von Botschafter von Ribbentrop am 1. April 1936 dem Britischen Außenminister Eden in London übergeben.

Nr. 26

Erklärung des Britischen Premierministers Chamberlain im Unterhaus, 14. Februar 1938

Mr. A. Henderson fragt den Premierminister, ob er als Beispiel für andere Nationen eine Versicherung dahingehend abgeben will, daß Seiner Majestät Regierung die Benutzung von Bombenflugzeugen für Polizeizwecke in allen Gebieten unter britischer Kontrolle verbieten will.

Der Premierminister: Seiner Majestät Regierung ist nicht bereit, die Tätigkeit ihrer Luftstreitkräfte zu begrenzen, ausgenommen als Teil einer internationalen Abmachung. Wenn eine solche Abmachung möglich sein sollte — und wie dem Haus bereits mitgeteilt wurde, hat Seiner Majestät Regierung den größten Wunsch, daß sie möglich wäre —, würde die Regierung völlig bereit sein, die von dem ehrenwerten Mitglied angeregte Versicherung zu geben.

Mr. Sorensen: Kann der sehr ehrenwerte Herr sagen, wie eine internationale Abmachung die Bombardierung oder Nichtbombardierung von Bewohnern im nordwestlichen Teil Indiens berühren würde?

Der Premierminister: Ich müßte erst die internationale Abmachung sehen, ehe ich diese Frage beantworten könnte.

Mr. Sorensen: Will der sehr ehrenwerte Herr sagen, ob es tatsächlich für dieses Land möglich sein würde, sich der Bombardierung der Eingeborenen in diesem Teil Indiens zu enthalten, ganz abgesehen von einem internationalen Abkommen?

Vizeadmiral Taylor: Ist dies nicht eine notwendige militärische Maßnahme zum Schutz britischen Lebens?

Nr. 27

Die Niederländische Gesandtschaft in Paris an das Französische Außenministerium

(Verbalnote)

Nr. 416/V. 49 Paris, den 12. Februar 1938

Die so aktuelle Frage der Luftbombardierungen beschäftigt mit Recht die Regierungen und Völker.

Bereits das Haager Abkommen von 1907 hatte in Artikel 25 untersagt, „unverteidigte Städte, Dörfer, Wohnstätten oder Gebäude, mit welchen Mitteln es auch sei, anzugreifen", doch ist dieses Verbot toter Buchstabe geblieben. Das gilt auch für das Protokoll von 1925 über das Verbot des Gaskrieges, das sich auch auf den Luftkrieg bezog. Der im Jahre 1923 im Haag nach der Washingtoner Konferenz von einem Juristenausschuß ausgearbeitete Uebereinkommensentwurf ist im Stadium des Entwurfs stecken geblieben*).

Gegen Ende März 1935**) war die Deutsche Regierung in einem Memorandum für das Verbot des Abwurfes von Brand-, Gas- oder Giftbomben, und sogar ganz allgemein für das Verbot des Abwurfs von Bomben auf offene Ortschaften usw., eingetreten. Diese Schritte blieben jedoch ebenfalls ergebnislos.

Die Regierung der Königin ist der Ansicht, daß die Erinnerung an die beiden sogenannten Haager Friedenskonferenzen und der Umstand, daß sie sich der Politik der Großmächte fernhält, ihr an sich das Recht geben, die Aussprache über einen Gegenstand von so großer Tragweite für die ganze Menschheit einzuleiten, dessen Regelung zweifellos dazu beitragen würde, den Völkern das ihnen fehlende Vertrauen wiederzugeben.

Die Regierung beabsichtigt, sich auf diplomatischem Wege an die Deutsche Regierung zu wenden, um den von dieser im Jahre 1935 geäußerten Gedanken wieder aufzunehmen, wobei es allerdings im Hinblick auf das verfolgte Ziel offenbar zweckmäßig wäre, diesen Vorgang unbeachtet zu lassen. Die Niederländische Regierung möchte jedoch vorher in Erfahrung bringen, ob im Falle eines deutschen Einverständnisses die dann von der Niederländischen Regierung zu ergreifende Initiative von der Französischen und der Britischen Regierung günstig aufgenommen werden würde.

Im letzteren Falle würde nach Ansicht der Regierung der Königin der Versuch zu unternehmen sein, eine einfache und bündige Regelung über folgende Punkte auszuarbeiten:

1. Allgemeines Verbot der Luftbombardierungen gegen die Zivilbevölkerung sowohl innerhalb als auch außerhalb des Kampfgebietes der Landstreitkräfte

---

*) Die von der Haager Konferenz im Jahre 1923 ausgearbeiteten sogenannten „Haager Luftkriegsregeln" sind von keinem der an der Konferenz beteiligten Staaten ratifiziert worden. Das Deutsche Reich hat in Anbetracht der ihm auferlegten Abschaffung jeglicher Militärluftfahrt an der Konferenz nicht teilgenommen.

**) Hier liegt offenbar ein Irrtum vor; es dürfte das Memorandum der Reichsregierung vom 31. März 1936 (vgl. Nr. 25) gemeint sein.

oder gegen das Privateigentum ohne militärischen Charakter. Sodann Verbot von Bombardierungen zur Erzwingung von Requirierungen oder der Entrichtung von Kontributionen.

2. Die Frage, ob Ausnahmen von diesem Verbot innerhalb des Kampfgebietes der Landstreitkräfte zulässig sein sollen. In diesem Falle begriffliche Bestimmung, was unter „Kampfgebiete" zu verstehen ist.

3. Die Frage, ob die Bombardierung von militärischen Zielen aus der Luft innerhalb des Kampfgebietes zulässig sein soll. Begriffbestimmung, was unter „militärischen Zielen" zu verstehen ist.

4. Unbedingtes Verbot der Verwendung von Brand-, Gas- und Giftbomben.

Nr. 28

Aufzeichnung der Britischen Botschaft in Paris*)

(Uebersetzung)

24. Februar 1938

Am 7. Februar übermittelte der Niederländische Gesandte in London dem Foreign Office eine Denkschrift über die Beschränkung des Luftkrieges**). Nach dem Hinweis auf die in den Artikeln 22 bis 24 des Haager „Juristen-Entwurfes" (1923) enthaltenen Bestimmungen über den Luftkrieg und auf das Memorandum der Deutschen Regierung vom 30. März und 1. April 1935 über das Verbot der Luftbombardierungen gibt diese Denkschrift der Auffassung Ausdruck, daß die Frage der Luftbombardierungen gesondert und außerhalb der damit in Verbindung stehenden Fragen behandelt werden könne, und gibt weiter zu bedenken, daß, da die beiden Weltfriedenskonferenzen im Haag stattgefunden hätten und die Niederlande an den politischen Problemen der Großmächte nicht unmittelbar interessiert seien, die Holländische Regierung besonders berufen sei, eine Initiative in dieser Frage zu ergreifen. Sie sei infolgedessen bereit, sich auf diplomatischem Wege um die Feststellung einer geeigneten Grundlage für weitere Besprechungen zu bemühen, und würde in erster Linie in Aussicht nehmen, sich an die Deutsche Regierung zu wenden, halte es jedoch für wesentlich, vorher die Ansichten der Englischen und der Französischen Regierung über eine solche Initiative kennenzulernen.

Die Denkschrift fügt hinzu, daß die Niederländische Regierung, ohne ein Programm für eine etwaige Konferenz vorschlagen zu wollen, glaubt, daß folgende Punkte in Erwägung gezogen werden könnten:

1. — a) Allgemeines Verbot der Bombardierung der Zivilbevölkerung innerhalb oder außerhalb des Kampfgebietes oder der Bombardierung des Privateigentums ohne militärischen Charakter;

b) Verbot der Bombardierungen zum Zwecke der Durchsetzung von Requirierungen oder der Entrichtung von Kontributionen.

2. — In welchem Umfange sollten Ausnahmen zu vorstehender Ziffer 1 (a) zulässig sein? Begriffsbestimmung des Kampfgebiets.

3. — Soll die Bombardierung von militärischen Zielen aus der Luft außerhalb***) des Kampfgebiets erlaubt sein? Was ist unter einem militärischen Ziel zu verstehen?

---

*) Das in französischer Sprache abgefaßte und als Uebersetzung bezeichnete Dokument ist unter den im Verlauf des Frankreich-Feldzuges in deutsche Hände gefallenen Akten des Französischen Außenministeriums aufgefunden worden. Das Schriftstück ist offensichtlich von der Britischen Botschaft in Paris dem Französischen Außenministerium übergeben worden.

**) Diese Denkschrift entspricht offensichtlich der dem Französischen Außenministerium am 12. Februar 1938 übersandten Verbalnote der Niederländischen Gesandtschaft in Paris (vgl. Nr. 27).

***) Hier liegt wohl ein Uebersetzungsfehler vor; offenbar muß es „innerhalb" heißen; vgl. Nr. 27.

4. — Unbedingtes Verbot des Abwurfes von Giftgas- und Brandbomben.

Der Niederländische Gesandte wurde in Beantwortung seiner Mitteilung am 23. Februar davon verständigt, daß die Regierung Seiner Majestät im Vereinigten Königreich den Wunsch der Niederländischen Regierung, zum Abschluß eines allgemeinen internationalen Abkommens auf dem Gebiete des Luftkrieges zu gelangen, mit größter Sympathie aufnehmen würde. Die Regierung Seiner Majestät fügte hinzu, daß sie es ebenso wie die Niederländische Regierung für wesentlich halte, der Sympathie und Mitarbeit der Deutschen Regierung sicher zu sein, wenn man ein befriedigendes Ergebnis erzielen wolle, und daß nach ihrer Auffassung Grund für die Hoffnung bestehe, daß Herr Hitler jeden seitens der anderen beteiligten Regierungen etwa formulierten positiven Vorschlag günstig aufnehmen würde. Die Regierung Seiner Majestät stimmte ferner der Auffassung zu, daß es zweckmäßiger wäre, sich an die Deutsche Regierung unter Bezugnahme auf die von ihr auf diesem Gebiete bereits gemachten Vorschläge zu wenden*).

Gleichzeitig wies sie darauf hin, daß die Frage außerordentlich kompliziert sei und daß die Regierung Seiner Majestät bestrebt sei, die Gefahr zu vermeiden, die in jeder vorzeitig eingeleiteten Verhandlung liege. Die Regierung Seiner Majestät hoffe, daß die von Herrn Eden in seiner Unterhausrede vom 2. Februar erwähnte eingehende Prüfung der Entwicklung des Luftkrieges, namentlich in bezug auf die Bombardierung der Zivilbevölkerung**), gestatten werde, die Frage mit anderen beteiligten Mächten in naher Zukunft wiederaufzunehmen, daß sie aber bedauere, zur Zeit ihre eigenen Ansichten in der in Betracht kommenden Frage nicht äußern zu können. Sie würde es deshalb vorziehen, wenn jede Initiative in Berlin vertagt würde, bis diese Prüfung beendet ist, und sie hoffe, daß die Niederländische Regierung ihre Bemühungen vorläufig einstellen werde. Was den Hinweis betreffe, daß die Regierung der Niederlande besonders berufen sei, in dieser Frage eine Initiative zu ergreifen, so wären offenbar beträchtliche Vorarbeiten unumgänglich, ehe ein Einvernehmen über den Zusammentritt einer internationalen Konferenz mit dem Ziele der Aufstellung von Bestimmungen für den Luftkrieg zustande kommen könne; es scheine aber zweifellos wünschenswert zu sein, daß eine der beteiligten Regierungen, wie etwa die Regierung der Niederlande, im Einvernehmen mit den Großmächten die erforderlichen Vorkehrungen für die Einberufung einer solchen Konferenz träfe, sobald diese vorbereitenden Arbeiten weiter vorangekommen sein würden.

---

*) sic! Vgl. jedoch Nr. 27.

**) Am 2. Februar 1938 hatte der Britische Staatssekretär des Auswärtigen, Eden, im Unterhaus mitgeteilt, die Britische Regierung habe die zuständigen Behörden vor einigen Monaten mit einer erschöpfenden Prüfung der Entwicklung des Luftkrieges, namentlich in bezug auf die Bombardierung der Zivilbevölkerung, beauftragt. Die Regierung habe es für notwendig gehalten, eine sehr eingehende Untersuchungs vorzunehmen, ehe sie irgendeine Initiative oder einen Schritt bei anderen Regierungen erwäge, da die Angelegenheit so verwickelt sei, daß es wenig Zweck habe, an andere Mächte heranzutreten, ehe man selbst die Schwierigkeiten geprüft habe und wisse, wie man den sehr ernsten Einwendungen begegnen wolle, die erhoben werden könnten. Er hoffe, die Prüfung werde in naher Zukunft beendet sein; sie erfolge mit der ausdrücklichen Absicht, die Frage mit anderen Mächten wieder aufzunehmen. Er könne sich nicht bezüglich des Zeitpunktes und der Methoden festlegen, aber das Haus könne versichert sein, daß das Ziel der Britischen Regierung ein allgemeines internationales Abkommen über diese Frage sei.

Nr. 29

Aufzeichnung über britisch-französische Generalstabsbesprechungen*)

(Unsignierte Reinschrift)

Luftfahrtministerium

Paris (XV.)
Boulevard Victor 26

Generalstab der Luftwaffe

2. Büro

Streng geheim!

Nr. 2—C/S
E.M.A.A.

Aufzeichnung

für den General und Generalstabschef, Vizepräsident des Obersten Rates für die Luftfahrt, Generalinspektor für den Luftschutz des Staatsgebietes.

Betrifft:
Zusammenarbeit mit dem 2. Büro des Britischen Generalstabs bei der Unterlagensammlung über die Ziele auf deutschem und italienischem Gebiet.

I. Die Generalstabsbesprechungen, deren Einzelheiten in der Aufzeichnung Nr. 398 2—C/S/EMAA vom 24. Februar in großen Zügen dargestellt sind und die grundsätzlich durch Aufzeichnung Nr. 976/S vom 3. März 1938 des Generals und Vizepräsidenten des Obersten Kriegsrates genehmigt wurden, fanden am 3. und 4. März 1938 beim 2. Büro des Luftfahrtministeriums statt.

Es nahmen daran teil:

— einerseits Major Burge, Leiter der Abteilung für industrielle Forschungen beim Air Ministry;
— andererseits die Majore Sallesse (deutsche Abteilung) und Lelarge d'Ervau (italienische Abteilung) vom 2. Büro des Generalstabes der Luftwaffe,

in Gegenwart des Britischen Luftattachés oder seines Vertreters.

Sie bezogen sich:

— im Laufe einer vorbereitenden Sitzung am Vormittag des 3. März auf die allgemeine Organisation der Arbeiten zur Sammlung von Unterlagen über Ziele, so wie sie zur Zeit in jedem der 2. Büros durchgeführt wird;
— im Laufe der folgenden Sitzungen auf die verhältnismäßige Verwundbarkeit der deutschen und italienischen wirtschaftlichen Ziele, auf die zur Zeit im Besitz der beiden Generalstäbe befindlichen Unterlagen über diese

*) Die undatierte Aufzeichnung ist einem Umschlag entnommen, der „Französisch-britische Generalstabsbesprechungen vom 3. und 4. März 1938" betitelt ist und das Datum 28. März 1938 trägt.

Ziele und auf die Informationen jeder Art, die in der Folge zwischen diesen Büros auszutauschen sind, um ihre Akten der jeweiligen Ziele zu ergänzen[1]).

Sie gaben Anlaß zur Abfassung eines Protokolls**), von dem eine Abschrift hier angefügt wird und das insbesondere die Unterlagen anführt, die in naher Zukunft zwischen den beiden Generalstäben auszutauschen sind. Ein Exemplar dieses Protokolls wurde auf sein Ersuchen dem Britischen Luftattaché, Oberst Collyer, ausgehändigt.

*

II. Die Unterlagensammlung über die Ziele hatte schon vor den Besprechungen vom 3. und 4. März 1938 mehrfach den Gegenstand eines Austausches zwischen dem 2. Büro des Generalstabs der Luftwaffe und dem 2. Büro des Air Ministry gebildet. Das letztere hatte uns eine gewisse Zahl aufschlußreicher Unterlagen übergeben***), wozu namentlich gehörten:

— eine umfassende Untersuchung über die verschiedenen Zweige der deutschen Industrie;

— anschließend Untersuchungen über die Produktionskapazität der deutschen Luftfahrtindustrie zusammen mit Verzeichnissen von Industrieunternehmungen;

— eine gewisse Zahl von Auskünften und photographischen und kartographischen Unterlagen über verschiedene Ziele.

Dagegen hatte das 2. Büro des Generalstabs der Luftwaffe dem 2. Büro des Air Ministry geliefert:

— umfassende Untersuchungen über gewisse Zielgruppen;

— Zielverzeichnisse;

— Zielakten.

Dieser Austausch erfolgte unmittelbar zwischen dem Leiter des 2. Büros des Generalstabs der Luftwaffe und dem Britischen Luftattaché (Oberst Collyer).

---

[1]) Die Sitzungen waren fast ausschließlich der Prüfung der auf die deutschen Ziele bezüglichen Fragen gewidmet. Die Fragen bezüglich der italienischen Ziele wurden nur gestreift, da der Vertreter des Air Ministry für dieses Land keinerlei Unterlagen mitgebracht hatte.

**) Das Protokoll enthält Einzelheiten über die Modalitäten des geplanten englisch-französischen Nachrichtenaustauschs.

***) Daß in Großbritannien ein Zielkomitee schon Jahre vor dem Krieg tätig war, bestätigt ein Brief des früheren Abgeordneten Fletcher, jetzt Lord Winster, vom 18. Mai 1943 an die Times, in dem er sich gegen die Behauptung wendet, ein Emigrant habe die Angriffe auf deutsche Talsperren angeregt, und wörtlich schreibt: „Bei uns tagte ein Zielkomitee jahrelang vor dem Krieg."

Er fand nur ab und zu, nicht nach einem bestimmten Plan, statt und schien seitens der britischen Militärbehörden eher symbolische Bedeutung zu haben als einer wirklichen Zusammenarbeit zu entsprechen[1]).

Er gestattete nicht, die Ansichten beider Büros über den tatsächlichen Grad der Verwundbarkeit der verschiedenen Zielgruppen einander gegenüberzustellen oder eine Dringlichkeitsordnung für den etwaigen Angriff auf diese Ziele aufzustellen.

*

III. Die Besprechungen vom 3. und 4. März bedeuten auf diesen verschiedenen Gebieten einen erheblichen Fortschritt.

Sie bilden die erste tatsächliche, unmittelbare Zusammenarbeit zwischen Vertretern der mit der Erforschung der Ziele betrauten Organe.

Sie wickelten sich in einer Atmosphäre vollkommener Herzlichkeit ab und scheinen tatsächlich den Ausgangspunkt für eine methodische Zusammenarbeit zu bilden, die in der Zukunft fortgesetzt werden soll.

*

IV. Die im Laufe dieser Besprechungen erzielten Ergebnisse können bereits als greifbar angesehen werden.

Aus den Informationen über die Bedingungen, unter denen die Engländer ihre Unterlagen über die Ziele ausgearbeitet haben, erscheint es einerseits möglich, wesentliche Hinweise über die durchzuführende Organisation zu gewinnen.

Andererseits werden die Unterlagen, die uns die Engländer vereinbarungsgemäß in Kürze überlassen werden, gestatten

— unsere eigenen Unterlagen in glücklichster Weise zu vervollständigen,

— die bis heute geltenden Ansichten über die Verwundbarkeit gewisser Arten von Zielen und über die Rückwirkungen der Zerstörung derartiger Ziele näher zu umreißen und vielleicht zu ändern,

— hierauf die Dringlichkeitsordnung für den Angriff auf diese Ziele in Kenntnis der Sachlage genau festzulegen.

V. Es muß betont werden, daß die Besprechungen vom Vertreter des Air Ministry aus freiem Willen streng auf das Gebiet der Beschaffung von Unterlagen über die Ziele und auf die wirtschaftlichen Erwägungen, die sich auf die Verwundbarkeit dieser Ziele beziehen, beschränkt wurden[2]).

---

[1]) Dieser Austausch erfolgt ganz unabhängig von demjenigen, der schon seit vielen Jahren normalerweise zwischen den Vertretern des französischen Nachrichtendienstes und denjenigen des Intelligence Service stattfindet.

[2]) Major Burge, der Sachverständige für Wirtschaftsfragen, konnte übrigens lediglich Informationen über die industriellen Ziele liefern. Die Informationen über die militärischen Ziele werden durch seine Vermittlung vom 2. Büro der beteiligten Ministerien geliefert werden.

Gewisse Anregungen, wonach jedem Beteiligten eine Zone zur Erforschung zugewiesen und die Tiefe dieser Zone begrenzt werden sollte, wobei die gegenwärtigen Möglichkeiten der beiderseitigen schweren Luftwaffen berücksichtigt werden sollten, wurden absichtlich von ihm fallen gelassen, da sie über die ihm erteilten Weisungen hinausgingen.

Das 2. Büro ist infolgedessen der Ansicht, daß die künftigen Besprechungen über den verhältnismäßig engen und etwas theoretischen Rahmen, der ihnen ursprünglich vom Generalstab der Royal Air Force gesetzt war, hinaus sich zweckmäßigerweise auf das konkretere Gebiet der jeweiligen Aktionszonen erstrecken sollten, die den Forschungsorganen der schweren Bomberformationen zuzuteilen wären.

Dieses Gebiet berührt sich jedoch eng mit der Vorbereitung der französisch-britischen Zusammenarbeit in der Luft. Unter diesem Gesichtspunkt würden die weiteren Besprechungen zu einer Prüfung der Fragen führen, für deren Behandlung die Oberkommandos der beiden Lager zuständig sind; diese Prüfung hätte gemeinsam in aller notwendigen Breite unter Berücksichtigung der gegenwärtigen diplomatischen Lage zu erfolgen.

Nr. 30

Erklärung des Britischen Premierministers Chamberlain im Unterhaus, 21. Juni 1938

(Auszug)

Der Premierminister: Das Ehrenwerte Mitglied für Derby (Mr. Noel-Baker) begann seine Ausführungen mit einigen allgemeinen Bemerkungen über die Schrecken des modernen Krieges, wie sie sich aus dem Bombenabwurf aus der Luft ergeben. Ich glaube nicht, daß irgendein Mitglied des Hauses gegen diese allgemeinen Ausführungen etwas einzuwenden haben wird.... Wir stehen vor der Tatsache, daß die Erfindungen von Wissenschaftlern, die zu der praktischen Entwicklung der Möglichkeiten führten, in der Luft zu fliegen, neue Methoden, neue Gesichtspunkte und neue Schrecken in die Kriegführung gebracht haben, die ihren Charakter wesentlich veränderten und nebenbei eine ganze Reihe neuer Probleme aufwarfen, mit denen sich unsere Vorfahren niemals beschäftigten.

Der Redner sprach über Völkerrecht und sagte ganz richtig, es sei völlig falsch, zu behaupten, daß neue Waffen neues Recht schaffen. Ich pflichte ihm bei, aber ich muß zur näheren Bestimmung sagen, daß neue Waffen neue Bedingungen schaffen können, die, wenn nicht eine Umformung, so doch auf jeden Fall eine Erweiterung des bestehenden Rechts notwendig machen, weil das alte Recht Fälle einbeziehen muß, die unter den alten Bedingungen nicht einzubeziehen waren. Tatsache ist, daß es im Augenblick keine Völkerrechtsvorschriften über den Luftkrieg gibt, die allgemein anerkannt sind. Es gibt gewisse Vorschriften des internationalen Rechts, dic für See- und Landkriegführung aufgestellt wurden. Die Prinzipien, die diesen Vorschriften zugrunde liegen, sind auch auf den Luftkrieg anwendbar, und unsere Regierung läßt sie nicht nur gelten, sondern sie besteht sogar darauf. Sie treffen aber den Fall nicht ganz, mit dem wir es heute zu tun haben.

Der Redner ging sehr rasch über die Schwierigkeiten hinweg, die an sich sehr schwerwiegend sind und deren Lösung bis jetzt noch nicht gelungen ist. Ich wurde vor kurzer Zeit gefragt, ob die Regierung Schritte unternehme, um mit anderen Staaten eine internationale Vereinbarung über die Vorschriften des Luftkriegs zu erzielen. Auf den Bänken der Opposition zeigte man einige Ungeduld, weil wir noch keinen derartigen Schritt unternommen hatten, aber ich führte damals aus und ich wiederhole heute, daß es keinen Sinn hat, eine allgemeine Einladung zu einer Zusammenkunft und Besprechung an andere Staaten ergehen zu lassen, solange wir ihnen nicht einen konkreten und praktischen Vorschlag machen können, der das Thema einer Erörterung bilden kann.

Mr. A. Bevan: Warum machen wir ihnen keinen solchen Vorschlag?

Der Premierminister: Darüber will ich gerade sprechen. Die Britische Regierung ist dabei, die Lage sorgfältig zu prüfen, um einen praktisch durchführbaren Entwurf auszuarbeiten, den wir den anderen Ländern zur Annahme oder Abänderung, je nachdem, vorlegen können.

Mr. A. Bevan: Kann dies nicht beschleunigt werden?

Der Premierminister: Der Fragesteller ist ein sehr kluger Mann, und ich zweifle nicht daran, daß er sich diese Fragen viel rascher überlegen kann als wir. Die Oppositionspartei hat bis jetzt noch keine praktisch durchführbaren Vorschläge gebracht.

Mr. Noel-Baker: Ich glaube nicht, daß der sehr ehrenwerte Vorredner dahingehend verstanden sein möchte, daß wir die Vorschriften umwerfen wollen, die 1923 in der Konferenz, von der ich gesprochen habe, ausgearbeitet worden sind.

Der Premierminister: Ich schlage nicht vor, überhaupt irgend etwas umzuwerfen. Was ich sagen möchte, ist, daß wir bis jetzt keinen Vorschlag haben, der konkret genug wäre und der die verschiedenen Schwierigkeiten, von denen ich einige erklären wollte, praktisch genug behandelt.

Ich glaube, wir können sagen, daß es drei völkerrechtliche Bestimmungen oder drei völkerrechtliche Grundsätze gibt, die auf den Luftkrieg ebenso anwendbar sind wie auf den Krieg zur See oder zu Lande. Erstens verstößt es gegen das Völkerrecht, auf Zivilisten als solche Bomben zu werfen und absichtliche Angriffe auf die Zivilbevölkerung zu machen. Das ist zweifellos ein Verstoß gegen das Völkerrecht. Zweitens müssen Ziele, auf die von der Luft aus gezielt wird, rechtmäßige militärische Ziele und als solche identifizierbar sein. Drittens muß bei Angriffen auf solche militärische Ziele angemessene Sorgfalt geübt werden, damit nicht durch Fahrlässigkeit Bomben auf eine Zivilbevölkerung in der Nachbarschaft geworfen werden.

Das sind drei allgemeine Bestimmungen, die wir sämtlich annehmen können und auch tatsächlich annehmen, aber es liegt auf der Hand, daß sich beträchtliche Schwierigkeiten ergeben, wenn man sie in die Praxis umsetzen will. Ich will hier gleich aussprechen, daß wir jede Erklärung von irgend jemand — ganz gleich, wo sie abgegeben würde und auf welcher Seite sie abgegeben würde —, wonach es zu einer absichtlichen Politik gehörte, durch Demoralisierung der Zivilbevölkerung mit Bombenangriffen aus der Luft einen Krieg gewinnen zu wollen, gar nicht scharf genug verurteilen können. Das läuft dem Völkerrecht völlig zuwider, und ich möchte hinzufügen, daß, wenn eine derartige Politik getrieben wird, es meiner Ansicht nach auch vom Standpunkt derer, die sie treiben, eine falsche Politik ist; denn ich glaube nicht, daß man durch absichtliche Angriffe auf die Zivilbevölkerung jemals einen Krieg gewinnen kann. Schwierig wird es, wenn eine der am Luftkrieg beteiligten Armeen der absichtlichen Bombardierung von Zivilpersonen beschuldigt wird und dann ableugnet, daß sie Zivilpersonen bombardiert habe oder daß dies absichtlich geschehen sei, und behauptet, sie habe militärische Ziele angegriffen. Weiterhin, was ist ein militärisches Ziel? Sicher sind das keine Fragen, über die man hinweggehen kann, als ob sie ohne Bedeutung wären . . .

Nr. 31

Der Französische Botschafter in London
an den Französischen Außenminister

(Bericht)

London, den 1. Juli 1938

Vertraulich
Nr. 605

Betrifft: Plan eines internationalen Abkommens über die Abschaffung unmenschlicher Kriegsmethoden.

Sehr geehrter Herr Minister!

Mit Erlaß Nr. 1333 vom 27. Juni haben Ew. Exzellenz den Wunsch geäußert zu erfahren, ob die Britische Regierung Fortschritte erzielt hat bei der Prüfung eines praktischen Planes für die Humanisierung des Krieges gemäß den Erklärungen, die Mr. Chamberlain am 21. Juni d. J. vor dem Unterhaus abgab*).

Ich habe die Frage dem ständigen Unterstaatssekretär des Foreign Office vorgelegt, ihn dabei auf die in diesem Sinne in verschiedenen internationalen Kreisen zu verzeichnende geistige Entwicklung aufmerksam gemacht und gleichzeitig auf die Arbeiten eines für diese Frage in Frankreich eingesetzten Ausschusses hingewiesen.

Nach den Ausführungen Sir Alexander Cadogan's sind die Dinge hier kaum weiter gediehen als vor einigen Monaten. Es wurden Untersuchungen durchgeführt, die das Foreign Office nicht für sehr zwingend hält und deren Ergebnis der Regierung noch nicht zur Beratung vorgelegt worden ist. Es scheint, daß die hohen Beamten des Foreign Office dabei keineswegs Anhaltspunkte gefunden haben, für die mit der Zustimmung der übrigen Staaten gerechnet werden kann oder die vielleicht auch nur deren Teilnahme an einer Konferenz gewährleisten würden.

Nichtsdestoweniger hat Sir Alexander Cadogan den ihm von mir unterbreiteten Vorschlag, unsere Untersuchungen einander gegenüberzustellen und zu versuchen, ein französisch-britisches Aktionsprogramm aufzustellen, günstig aufgenommen. Er erklärte mir, daß er dieserhalb zuerst mit der zuständigen Stelle und sodann mit dem Staatssekretär sprechen wolle und daß er mir die Stellungnahme Lord Halifax' zur Herbeiführung einer Zusammenarbeit zwischen unseren beiden Regierungen und zu der Möglichkeit, bei anderen Mächten bezüglich ihrer Neigungen zu sondieren, mitteilen würde.

Genehmigen Sie, Herr Minister, den Ausdruck meiner ausgezeichneten Hochachtung.

C. Corbin

---

*) Vgl. Nr. 30.

Nr. 32

Aufzeichnung über britisch-französische Generalstabsbesprechungen, 3. April 1939

(Auszug)

A. F. C. (J) 28 — Richmond Terrace, S.W. 1

Geheim — 3. April 1939

Schlußfolgerungen über die allgemeine Strategie für die Kriegführung

III. Wege, die Deutschland und Italien bei Kriegsbeginn einschlagen können:

10. Das Ziel der Hauptanfangsoffensive Deutschlands kann die Niederlage entweder Frankreichs oder Englands sein.

. . . . . .

IV. Britisch-französische Gegenaktion

. . . . . .

Methoden der Kriegführung

28. In der einleitenden Kriegsphase wird die Gegenaktion der Verbündeten in der Luft hauptsächlich durch Sicherheitserwägungen bestimmt sein. Die Verbündeten würden Luftaktionen ausschließlich gegen rein „militärische" Ziele im engsten Sinne des Wortes einleiten, d. h. Marine-, Land- und Luftstreitkräfte und -einrichtungen; soweit als möglich würde diese Aktion jedoch auf Ziele beschränkt werden, deren Angriff nicht den Tod von Zivilisten mit sich bringen würde.

V. Die folgenden Phasen des Krieges

1. Phase . . . . . .

30. Die Operationen, die wir in der einleitenden Phase zu unternehmen haben werden, sind oben in Teil IV. beschrieben.

2. Phase . . . .

. . . . . .

34. In dieser Phase werden die alliierten Bomber, wo immer das möglich ist, gegen wirtschaftliche und industrielle Ziele in Deutschland eingesetzt werden, mit dem Ziel, zum schließlichen Zusammenbruch des deutschen Widerstandes beizutragen.

Nr. 33

Aufzeichnung des Britischen Generalstabs über die Frage etwaiger Luftbombardierungen in der ersten Phase eines Krieges, bei dem Deutschland im Westen defensiv bleibt und im Osten angreift*)

(Auszug)

. . . Es ist die Absicht Seiner Majestät Regierung, in der nahen Zukunft den britischen Befehlshabern Instruktionen über die Art der Durchführung von Bombardierungen zu Beginn eines Krieges, und zwar sowohl aus der Luft wie von See aus, zu geben, die einen noch einschränkenderen Charakter haben, als durch eine vernünftige Auslegung der mit Frankreich vereinbarten Politik oder der hierüber bestehenden Völkerrechtsregeln erfordert wird. Seiner Majestät Regierung hält es für lebenswichtig, daß kein verbündeter Befehlshaber eine Handlung irgendwelcher Art unternehmen soll, die uns möglicherweise einem berechtigten Vorwurf uneingeschränkter Bombardierungen aussetzen kann, ohne daß ausdrückliche Befehle von London gegeben sind. Es ist beabsichtigt, dem französischen Generalstab bald eine Abschrift dieser Befehle zu übermitteln, wobei die Hoffnung besteht, daß der französische Generalstab die Möglichkeit findet, seinen Befehlshabern gleichartige Instruktionen zukommen zu lassen.

Trotzdem kann man sich gewisse besondere Umstände denken, in denen wir gezwungen sein könnten, von dieser allgemeinen Linie abzuweichen. Die britischen Stäbe denken hierbei an den Fall, daß die Deutschen ihre Hauptoffensive zu Lande und in der Luft gegen Polen oder Rumänien richten, im Westen aber völlig defensiv bleiben. Sollte dieser Fall eintreten, so könnte es schwierig sein, eine Untätigkeit in der Luft gegenüber Deutschland zu rechtfertigen, während Polen überrannt wird, obgleich die Alternative, gegen gewisse Ziele vorzugehen, die nicht als „rein militärisch im engsten Sinne des Wortes" bezeichnet werden können, zu unterschiedlosen deutschen Luftangriffen führen könnte.

Aktionsmöglichkeiten für die französisch-britischen Luftstreitkräfte, um den Druck auf Polen bei Kriegsbeginn zu erleichtern, wobei angenommen wird, daß Deutschland im Osten angreift und im Westen defensiv bleibt

. . . . . .

9. Es gibt im großen ganzen vier verschiedene Aktionsmöglichkeiten, unter denen eine Wahl getroffen werden muß. Sie sind weiter unten kurz dargelegt. Es wird in jedem Falle angenommen, daß eine volle nationale Mobilisierung erfolgt ist oder sich im Gange befindet und daß wir sofort zur See alle Maßnahmen wirtschaftlichen Druckes einschließlich der Unterbrechung alles deut-

*) Diese Aufzeichnung wurde von dem Sekretär der britischen Delegation für die britisch-französischen Generalstabsbesprechungen, Cornwall-Jones, dem Französischen Militärattaché in London, General Lelong, mit Begleitschreiben vom 14. August 1939 übersandt.

schen Handels auf dem Seewege und der Wegnahme aller deutschen Schiffe auf See in Kraft setzen. Eine Erwägung, die die Wahl einer dieser Aktionsmöglichkeiten beeinflussen muß, besteht darin, daß das endgültige Schicksal Polens von dem endgültigen Ergebnis des Krieges und dieses Ergebnis wiederum von der Fähigkeit der Alliierten abhängen wird, die schließliche Niederlage Deutschlands herbeizuführen, nicht aber von unserer Fähigkeit, bei Beginn des Krieges den Druck auf Polen zu erleichtern.

10. a) Alle notwendigen Vorbereitungsmaßnahmen zu Lande und in der Luft zu treffen, einschließlich der Entsendung der British Advanced Air Striking Force und der 1. Abteilung der Field Force nach Frankreich — aber keine offensive Aktion in der Luft einzuleiten, mit Ausnahme von Aktionen gegen Kriegsschiffe auf See.

b) Luftaktionen gegen rein „militärische" Ziele im engsten Sinne des Wortes einzuleiten — d. h. die deutsche Flotte und ihre Basen, Einheiten und Einrichtungen der Luftstreitkräfte und die deutsche Armee an der Westfront.

c) Unsere Luftaktion so weit auszudehnen, daß sie Ziele einschließt, welche zwar rein militärischen Einrichtungen so nahe wie möglich verwandt sind, aber eine stärkere Wirkung haben hinsichtlich einer Herabsetzung der Fähigkeit des Feindes, den Krieg fortzusetzen. In dieser Gruppe scheinen die brauchbarsten Ziele Bestände von Benzin und Fabriken für die Herstellung von synthetischem Benzin zu sein.

d) Von vornherein „die Handschuhe auszuziehen" und die Ziele anzugreifen, die am besten geeignet sind, die feindlichen Kriegsbemühungen herabzusetzen, ohne Rücksicht darauf, ob eine solche Aktion schwere Verluste unter der feindlichen Zivilbevölkerung hervorrufen wird oder nicht.

x x x x x x

Nr. 34

Führerrede vom 1. September 1939 (Reichstagssitzung)

(Auszug)

. . . Ich will dafür sorgen, daß im Osten der Friede an der Grenze kein anderer ist, als wir ihn an unseren anderen Grenzen kennen.

Ich will dabei die notwendigen Handlungen so vornehmen, daß sie nicht dem widersprechen, was ich Ihnen hier, meine Herren Abgeordneten, im Reichstag selbst als Vorschläge an die übrige Welt bekanntgab.

Das heißt, ich will nicht den Kampf gegen Frauen und Kinder führen!

Ich habe meiner Luftwaffe den Auftrag gegeben, sich bei den Angriffen auf militärische Objekte zu beschränken. Wenn aber der Gegner glaubt, daraus einen Freibrief ablesen zu können, seinerseits mit umgekehrten Methoden zu kämpfen, dann wird er eine Antwort erhalten, daß ihm Hören und Sehen vergeht!

Nr. 35

Das Auswärtige Amt an die Polnische Botschaft in Berlin

(Verbalnote)

Das Auswärtige Amt beehrt sich, der Polnischen Botschaft folgendes mitzuteilen:*)

Die deutschen Luftstreitkräfte haben den Befehl erhalten, sich bei ihren Kampfhandlungen in Polen auf militärische Objekte zu beschränken. Es ist eine selbstverständliche Voraussetzung für die Aufrechterhaltung dieses Befehls, daß die Polnischen Luftstreitkräfte sich an die gleiche Regel halten. Sollte das nicht der Fall sein, so wird deutscherseits sofort schärfste Vergeltung geübt werden.

Berlin, den 1. September 1939.

---

*) Dem Polnischen Botschafter in Berlin wurde deutscherseits trotz dem bestehenden Kriegszustande ermöglicht, mit seiner Regierung zwecks Weitergabe dieser Mitteilung telefonisch in Verbindung zu treten. Die Mitteilung wurde außerdem durch Vermittlung der Niederländischen Regierung an die Polnische Regierung weitergeleitet.

Nr. 36

Der Geschäftsträger der Vereinigten Staaten in Berlin an den Reichsminister des Auswärtigen

Dringend — Berlin, den 1. September 1939
Nr. 532

Ew. Exzellenz!

Ich beehre mich, Ew. Exzellenz mitzuteilen, daß meine Regierung mich gebeten hat, der Deutschen Reichsregierung im Namen des Präsidenten der Vereinigten Staaten unverzüglich folgende Botschaft zu übermitteln:

„Während der Feindseligkeiten, die in den letzten Jahren in verschiedenen Gegenden der Erde wüteten, haben die unbarmherzigen Bombenangriffe aus der Luft auf Zivilisten in unbefestigten Ortschaften zur Verstümmelung und zum Tode Tausender von wehrlosen Männern, Frauen und Kindern geführt; sie haben bei allen zivilisierten Männern und Frauen größten Abscheu erregt und die ganze Menschheit aufs tiefste empört. Wenn auch in dem tragischen Kriege, der der Welt jetzt bevorsteht, diese Form unmenschlicher Barbarei wieder angewendet wird, so werden Hunderttausende unschuldiger menschlicher Wesen ums Leben kommen, die an den soeben ausgebrochenen Feindseligkeiten keinerlei Schuld tragen, ja nicht einmal im entferntesten daran beteiligt sind. Deshalb richte ich an alle Regierungen, die in Feindseligkeiten verwickelt werden können, den dringenden Appell, öffentlich zu erklären, daß sie entschlossen sind, ihre Streitkräfte auf keinen Fall und unter keinen Umständen Bombenangriffe aus der Luft auf Zivilbevölkerungen oder unbefestigte Städte machen zu lassen, vorausgesetzt, daß auch alle ihre Gegner sich streng an diese Regeln für die Kriegführung halten. Ich bitte um sofortige Antwort.

Franklin D. Roosevelt."

Ich beehre mich hinzuzufügen, daß ich Weisung habe, die Antwort auf die vorstehende Botschaft sofort telegraphisch zu übermitteln, und stelle mich daher für die Uebermittlung der Antwort an meine Regierung zu Ew. Exzellenz Verfügung.

Ich benutze diese Gelegenheit, um Ew. Exzellenz die Versicherung meiner ausgezeichnetsten Hochachtung zu erneuern.

Alexander Kirk

Nr. 37

Der Reichsminister des Auswärtigen an den Geschäftsträger der Vereinigten Staaten in Berlin

Berlin, den 1. September 1939

Herr Geschäftsträger!

Auf Ihre Note vom heutigen Tage, mit der Sie mir eine Botschaft des Herrn Präsidenten der Vereinigten Staaten von Amerika wegen des Abwurfs von Bomben auf nichtmilitärische Objekte übermittelt haben, beehre ich mich, Ihnen nachstehend die Antwort des Herrn Deutschen Reichskanzlers auf diese Botschaft mitzuteilen:

„Die in der Botschaft des Herrn Präsidenten Roosevelt vertretene Auffassung, daß es ein Gebot der Menschlichkeit ist, bei militärischen Aktionen unter allen Umständen den Abwurf von Bomben auf nichtmilitärische Objekte zu unterlassen, entspricht durchaus meinem eigenen Standpunkt und ist von mir von jeher vertreten worden. Ich stimme daher dem Vorschlag, daß die an den jetzt im Gange befindlichen Feindseligkeiten beteiligten Regierungen öffentlich eine entsprechende Erklärung abgeben, bedingungslos zu. Meinerseits habe ich bereits in meiner heutigen Reichstagsrede öffentlich bekanntgegeben, daß die deutschen Luftstreitkräfte den Befehl erhalten haben, sich bei ihren Kampfhandlungen auf militärische Objekte zu beschränken. Es ist eine selbstverständliche Voraussetzung für die Aufrechterhaltung dieses Befehls, daß sich die gegnerischen Luftstreitkräfte an die gleiche Regel halten.

Adolf Hitler."

Ich wäre ihnen dankbar, wenn Sie die vorstehende Antwort unverzüglich dem Herrn Präsidenten Roosevelt übermitteln würden.

Zugleich benutze ich auch diesen Anlaß, um Ihnen, Herr Geschäftsträger, die Versicherung meiner vorzüglichsten Hochachtung zu erneuern.

von Ribbentrop

Nr. 38

Auszug aus dem Kriegstagebuch des Luftflottenkommandos 1

Anlage 15

Übersicht über die am 1. September 1939 von der Luftflotte 1 und dem Luftwaffenkommando Ostpreußen geflogenen Kampfeinsätze gegen polnisches Gebiet

Nr. in Karte 3	Verband	Angriffszeit	Angegriffenes Ziel	Bemerkungen und Ergebnis
			A. Dem Lfl. Kdo. 1 unmittelbar unterstellt	
1	......	17.12 bis 17.35	Flugplatz Warschau-Okęcie und Wald 10 km südlich	Bahngleise am Platz Volltreffer, desgleichen Hallen. Wald brennt. Pz L Werk (Motorenbau/Treffer). Pz L Werk (Zellenwerk/Treffer). 31 Flugzeuge (am Ziel) eingesetzt. Angr.-Höhe 4000—4500 m.
2	......	16.48 bis 17.17	Flugplatz Warschau-Goclaw	Südteil des Platzes Treffer, desgl. Gebäude u. Flugzeuge am Platzrand. 23 Flugzeuge (am Ziel) eingesetzt. Angr.-Höhe 4000—2000 m. S. u. m. Flak am Ziel u. bei Lodz. 15 Jäger am Ziel.
3	......	17.05 bis 17.25	Ziel 763 Fort Bem. (Warschau) Mun.-Anstalt Nr. 1	⅓ Bomben im Ziel. Volltreffer in einem Munitionsschuppen. 26 Flugzeuge (am Ziel) eingesetzt. Angr.-Höhe 1200—4000 m. Jäger bei Warschau, sowie Flak.
			B. Flieger-Div. 1	
4	......	06.00	Flugplätze Putzig u. Rahmel	Im Rahmen des Einsatzes des verstärkten K.G. Keßler gegen Gdingen Ziele in stark aufgelöstem Verband infolge schwieriger Wetterlage, teils ohne Erdsicht angeflogen, Ergebnis stark beeinträchtigt. Treffer in Unterkunft Putzig. 30 Flugzeuge eingesetzt.
5	......	12.56 bis 13.15	Flugplätze Thorn u. Bromberg	**Thorn:** Bomben zum größten Teil im Ziel. Feste Bauten getroffen. Schwache Gegenwehr der Flak u. Jäger. Pz L 24 u. 11 der He 111 unterlegen. Angr.-Höhe 4000—5200 m. **Bromberg:** Feste Anlagen angegriffen. Treffer im Ziel, Flugzeuge nicht erkannt. Schwache Erdabwehr. Angriffshöhe wie Thorn. Insgesamt 30 Flugzeuge eingesetzt.

Nr. in Karte 3	Verband	Angriffszeit	Angegriffenes Ziel	Bemerkungen und Ergebnis
6	......	12.15 bis 12.30	Flugplatz Posen-Lawica Bhfe. Posen, Obornik und das Warthelager	**Posen-Lawica:** zahlreiche Treffer und Brände beobachtet. Keine Flugzeuge am Boden. **Bhf. Posen u. Obornik:** Treffer **Warthelager:** Erfolg nicht beobachtet. 1 poln. Jäger abgeschossen.
7	......	ca. 12.30	Flugplätze Gnesen n. w. Schroda, Snieciska, Posen-Lawica, Bhf. Schroda	**Gnesen:** Treffer Platzmitte u. -rand. N. w. **Schroda** dto. **Snieciska:** Treffer auf Platz. **Posen-Lawica:** 1 Halle in Brand geworfen, Tankstelle getroffen. **Bhf. Schroda:** Bhf. u. Waggons getroff.
8	......	ca. 17.20	Flughafen Thorn	bei günstiger Witterung sehr guter Reihenwurf, Rollfeld u. Gebäude sowie Flugzeuge in der SO.-Ecke des Platzes getroffen. 27 Flugzeuge (? 30) eingesetzt. Angr.-Höhe 5000 m. Am Ziel m. u. s. Flak. 4 Jäger bei Anflug, griffen nicht an wegen eigenen Jagdschutzes.
9	......	ca. 18.00	Flugplätze Komorniki, Schwersenz, Posen-Lawica, Bhf. Posen, Warthelager, Sender Posen	(Stab Staffel) **Komorniki:** hohe Stichflammen bei Flakstellung am Platzrand. **Schwersenz:** Belegung nicht erkannt. Gute Flakabwehr. **Lawica:** Bomben gut im Ziel. Mehrere Brände auch in Posen selbst. **Bhf. Posen:** Geleise getroffen. Flak sehr gut. **Warthelager:** Treffer in Anlagen, im Osten des Lagers. **Sender:** gut eingedeckt, Brände zwischen Bhf. u. Sender.
10	......	14.00 bis 14.12	Geschützstellung Südspitze Hela	Treffer in und neben Batterie. Angr.-Höhe 4700—700 m. 25 Flugzeuge.
11	......	ca. 13.50	Geschützstellungen bei Gdingen	Bomben im Ziel. 1 Flugzeug im Feindgebiet notgelandet u. verbrannt. Besatzung lebt, Verbleib unbekannt. 30 Flugzeuge (u. 1 Aufkl. 15 Min. vor Start zur Wetteraufklärung). MG.- und Gewehrtreffer in den eigenen Flugzeugen während des Tiefabflugs.
12	......	13.50	Batterie bei Oxhöft sowie Kriegsschiffe im alten Kriegshafen Gdingen und Putziger Wiek	Batterie zum Schweigen gebracht. Treffer im Kriegshafen (Mole). 33 Flugzeuge.

Nr. in Karte 3	Verband	Angriffszeit	Angegriffenes Ziel	Bemerkungen und Ergebnis
13	......	13.50	Alter und neuer Hafen Hela	Starke Rauchentwicklung. Wirkung konnte nicht beobachtet werden wegen Beschlagens der Scheiben u. starker Flakwirkung. 11 Flugzeuge eingesetzt.
14	......	18.00	Kriegsschiffe im alten Kriegshafen Gdingen und Putziger Wiek	2—3 Treffer auf 1 Zerstörer. Die übrigen Treffer im Umkreis. Sehr starke Abwehr von Kriegsschiffen u. von Hela. 32 Flugzeuge u. Gef. Aufklärer.
15	......	ca. 12.15 bis 12.30	Begleitschutz zu Nr. 9 (II./K.G. 26 Raum Posen)	1 Pzl. 24 abgeschossen. Flakbeschuß über Posen. 36 Flugzeuge eingesetzt. Flughöhe 400—5500 m.
16	......	ca. 12.56 bis 13.15	Begleitschutz zu Nr. 5 (I./K.G. 152 Raum Thorn)	kein Flakbeschuß.
17	......	ca. 13.50 bis 14.15	Begleitschutz für Stukaangriffe Raum Gdingen zu Nr. 10—13	keine Feindberührung.
18	......	ca. 13.50	Begleitschutz für Stukaangriffe Raum Gdingen zu Nr. 10—13	27 Flugzeuge Landung in Mühlen I Ostpr. für lfd. Nr. 22
19	......	ca. 17.20	Begleitschutz zu Nr. 8 (I./K.G. 1 Raum Thorn)	keine Feindberührung.
20	......	ca. 18.00	Begleitschutz zu Nr. 9 (II./K.G. 26 Raum Posen)	Flakbeschuß hart westl. Posen.
21	......	ca. 18.00	Begleitschutz für Stukaangriffe Nr. 14 Raum Gdingen	keine Feindberührung.
22	......	ca. 17.10 bis 17.30	Begleitschutz für Nr. 1—3 (K.G. 27 Raum Warschau)	22 Flugzeuge von Mühlen/Ostpr. aus gestartet.
			C. Lw.Kdo. Ostpreußen	
23	......	04.42	Brücke Dirschau	Zündstellen, Zündkabel u. Elektrizitäts-W. zerstört, dadurch Sprengung der Brücke zunächst verhindert. Hoch- und Tiefangriff. 30 Flugzeuge eingesetzt. 1 Flugzeug auf eigenem Gebiet im Nebel durch Bodenberührung verloren.

Nr. in Karte 3	Verband	Angriffszeit	Angegriffenes Ziel	Bemerkungen und Ergebnis
24	......	04.42	Jägerkaserne Dirschau	Gemeinsamer Angriff m. I./St. G. 1. Kaserne zerstört. M.G.-Feuer auf Gelände westlich Dirschau. Dort keine Ziele erkannt.
25	......	06.38 bis 08.00	Grodno Flugplatz u. Raum Grodno-Mosty-Augustow	Getroffen: **Flugplatz Grodno:** Hallen u. Munitions-Lager. 1 Bunker explodiert. **Stadt:** Kw.-Hallen und Kasernen im Ostteil. Flak auf Markt. **Mosty:** Muna zerstört. Bahn beschädigt. **Bahn** Grodno—Augustow: Transportzug zerrissen. **10 km ostwärts Jez Lawis - Sees:** Truppen-Lager zerstört. Ausgedehnter Waldbrand. 30 Flugzeuge (einschl. 2 Aufklärer). Hoch- und Tiefangriffe.
26	......	ca. 06.00 bis 06.40	Flugplatz Brest-Terespol u. Raum Brest-Bialystok-Zambrow	Verband durch Wetterlage gleich nach Start zersprengt, Auftrag kettenweise und einzeln ausgeführt. **Brest-Terespol:** 7 Hallen, 9 Flugzeuge zerstört. **Brest:** Ortsrand und Gleisanlagen getroffen, Brände. **Bahnen Brest nach Zabinka und Maloryta:** Geleise zerstört. **Bahn Bialystok—Grodno:** Zerstörung von Geleisen. **Bahn Bialystok—Lapy:** 1 Treffer in Truppentransport. **Bahn Siedlce—Czeremcha:** Truppentransport bei der Bugbrücke — Geleise zerstört. 32 Flugzeuge (einschl. 2 Aufklärer) eingesetzt. 1 Flugzeug überfällig.
27	......	ca. 06.00 bis 06.30	Flugplatz Kutno und Graudenz. Raum Kutno—Thorn u. Plock	Es sollten Belegungen auf Flugpl. Hoheneck, Lautenburg, Strzegowo, Plock, Lack, Kutno, Wloclawek, MalyPolwiesk, Sallnow, Graudenz angegriffen werden. Alle unbelegt angetroffen. Feste Anlagen auf **Plätzen Kutno und Graudenz** angegriffen und unbrauchbar gemacht. **Militärtransporte zwischen Kutno und Thorn** erfolgreich mit Bomben und MG. angegriffen. **Plock:** Kaserne 8 Treffer. Truppenansammlungen befeuert bei Soldau. 6. Staffel an Grenze d. Schlechtwetter zersprengt. **L. Flak:** Graudenz, Plock, Kutno, 1 Flugzeug d. Flak beschädigt.

Nr. in Karte 3	Verband	Angriffs-zeit	Angegriffenes Ziel	Bemerkungen und Ergebnis
28	......	ca. 08.50 bis 09.30	Flugpl. Warschau-Okęcie und Raum Warschau—Modlin—Ciechanow—Piaseczno—Skierniewice	Infolge schlechter Wetterverhältnisse und Nichtbelegung von Flugplätzen wurden außer Okęcie eine Anzahl anderer Ziele angegriffen. **Okęcie:** starke Jagd- u. Flakabwehr. **Bhf. Praga:** wie vor. **Bhf. Ciechanow:** gutes Trefferergebnis. **Weichselbrücken und Bahnanlagen bei Modlin:** Treffer. Starke Jagd- und Flakabwehr. **Bhf. Skierniewice:** Brand o. Straßen und Eisenbahnbrücken. **Piaseczno:** Treffer. 30 Flugzeuge (einschl. 2 Aufkl.). 1 Flugzeug vermißt.
29	......	08.50 bis ca. 09.30	Begleitschutz zu Nr. 28 (II./L.G. 1)	Luftkampf in 5000 m über Warschau. Wahrscheinlich 2 Abschüsse. Poln. Jäger sehr angriffsfreudig, obwohl Flugzeug leistungsfähig der Bf. 110 C weit unterlegen.
30	......	13.50 bis 13.55	Flugplatz Lida	Am Morgen 40 Flugzeuge am Nordrand des Platzes gemeldet. Wolkenloses Wetter über Ziel. Treffer auf Rollfeld, Hallen, Gebäuden; 3 Tankanlagen in Brand. 30 Flugzeuge. Angriffshöhe: 3000 m. L. Flak: am Ziel.
31	......	16.53 bis 17.16	Flugplatz und Bhf. Lida	Anzugreifen war der Flugplatz. Rollfeld und Hallen unter Branderscheinung nachhaltig zerstört. **Gleisspinne südl. Bhf. Lida:** Hohe Rauchwolken. 10 Flgzg. eingesetzt (dabei 1 Aufkl.). Angriffshöhe: 4000 und 5000 m. Flak: s. Flak Lida. Jäger: bei Lida ohne Angriffsfreude.
32	......	18.00	Flugplatz Plock	Platz anscheinend zerstört. 19 Flugzeuge eingesetzt. Flak: m. u. s. Flak Plock, sehr gut schießende s. Flak südl. Mlawa.
33	......	ca. 17.30	Flugplatz Biala Podlaska	Schlechte Sicht. Wirkung nur teilweise beobachtet, 60% der Bomben im Ziel. 15 Flugzeuge eingesetzt.
34	......	ca. 17.15	Flugplatz Warschau-Okęcie, Bhf. Wolomin, Bahn Wolomin—Tlusc	1. Anflug wegen Wolken u. schlechter Sicht vergeblich. Gruppe aufgelöst, verschiedene Ziele angegriffen. **Okęcie:** Treffer in beiden Fabriken und auf Rollfeld. Einige Treffer auf Flugplatz **Warschau-Mokotow.**

Nr. in Karte 3	Verband	Angriffszeit	Angegriffenes Ziel	Bemerkungen und Ergebnis
			Flugplatz Warschau-Mokotow	**Bhf. Wolomin:** zerstört. **Bahnlinie nach Tluscz:** zerstört. Eingesetzte Flgzge.: 7,7 Flak (?): Okęcie, Warschau Nord, Zegrze, Pustusk. Jäger: Warschau 20 Flugzeuge in 5500 m. Ballonsperre: Okęcie—Warschau in 3500 m. Angriffshöhe: 5000—7000 m.
35	......	ca. 17.20	Flugplatz Okęcie	Sehr kurze Vorbereitungszeit. Daher nur 12 Flugzeuge eingesetzt. Wirkung: keine Angaben. Auftrag ausgeführt. S. Flak stark über Warschau. Jäger: schwach infolge Zerstörerschutzes. Ballonsperre wie Nr. 34 und Nordteil Warschau in 5000 m.
36	......	17.12	Sender Warschau-Babice und -Mokotow	Störung im Sendebetrieb Mokotow beobachtet. Angriff auf Babice wegen schwieriger Wetterlage und außerordentlich starker Jagd- und Flakabwehr nicht ausgeführt, auf andere Ziele (Muna) verteilt. 30 Flugzeuge eingesetzt. 8 Außenlandungen infolge Treibstoffmangels hinter eigenen Linien.
37	......	ca. 16.45 bis 17.30	Begleitschutz zu Nrn. 34—36 (Raum Warschau)	Starke Flakabwehr über Warschau. Luftkämpfe mit ca. 30 PZL 24 6 PZL sicher abgeschossen.
38	......	ca. 16.45 bis 17.25	Schutz für Nr. 34—36	36 Flugzeuge eingesetzt zur freien Jagd über Warschau. Gruppe kommt auseinander. Notlandungen: auf eigenem Gebiet: 7, davon 6 mit Bruch. 5 Flugzeuge vermißt. 1 Flugzeug auf polnischem Gebiet gelandet. 2 Feindabschüsse.
39	......	ca. 18.00	Flugplatz Graudenz u. Truppen im Raum südl. davon	Tiefangriffe auf den Platz. Hallen unbrauchbar gemacht. Munitionslager Graudenz beworfen. Bahn- und Straßenverkehr angegriffen bei Rehwalde, Rehden, Goßlershausen, Briesen. Bhf. Goßlershausen brennt. Eingesetzte Flugzeuge: 1 Toter, 4 Leichtverwundete. 1 Flugzeug brennend über Feindgebiet abgestürzt.
40	......	18.00	Jägerkaserne Dirschau	Zahlreiche Bombenvolltreffer. Starke MG- und L. Flakabwehr. Zahlreiche Treffer in fast allen Flugzeugen.

Nr. 39

Lagemeldungen des Polnischen Kommandanten der Luftabwehr Warschau*) an den Kommandeur der Verteidigung von Warschau

(Auszug)

1. Lagemeldung vom 1. September 1939, 20 Uhr (L. dz. 57/Tjn):

. . . Batterie 117 in der Gegend des Dorfes Las wurde mit Bomben beworfen (ungefähr 30). — Keine Verluste an Leuten, dagegen die Verbindung mit der Batterie abgerissen. In der Gegend dieser Batterie liegt ein verbranntes eigenes Flugzeug. Dahinter in der Nähe der Batterie 104 in der Gegend Wilanow fielen etwa 20 Bomben (Trichter von etwa 1½ m Tiefe) . . .

2. Lagemeldung vom 2. September 1939, 22 Uhr (L. dz. 79/Tjn):

. . . Auf Batterie 117 wurden Spreng-, Splitter-, Brandbomben und vermutlich Rauchbomben geworfen.

Die Brandbomben fielen mitten zwischen Geschütze und Gerät, die anderen (etwa 30) ungefähr 100 m von der Batterie entfernt.

Ebenfalls wurde die Batterie 105 (im Osten vom Vorwerk Paluch) stark angegriffen. Im näheren und weiteren Umkreis dieser Batterie zählte man etwa 230 Bombentrichter. Möglicherweise war dies ein Versuch, den Flugplatz in Okęcie zu bombardieren und ein Fehler in der Ortsschätzung.

Beide Batterien wurden außerdem mit MG-Feuer beschossen . . .

3. Lagemeldung vom 3. September 1939**) (L. dz. 93/Tjn):

. . . Bei dem Bombardement von Okęcie um 7.00 Uhr fielen etwa 40 Bomben in der Nähe des Fabrikzuges 40 mm „Paluch", davon einige in einer Entfernung von ungefähr 15 m . . .

4. Lagemeldung vom 4. September 1939, 24 Uhr (L. dz. 112/Tjn):

. . . Bombardiert wurde Okęcie, der Hauptknotenpunkt, der Westbahnhof, Brücken und die Eisenbahnbrücke.

5. Lagemeldung vom 8. September 1939, 22 Uhr (L. dz. 138/Tjn):

Hauptziel des Angriffs waren die Brücken Srednicowy, Kierbedzia und Poniatowski, die im Sturzflug bombardiert wurden . . .

. . . Analog wie am vorhergehenden Tage wurden die Angriffe früh am 8. IX. mit geringen Kräften durchgeführt, aber mittags und später mit stärkeren Verbänden.

Die Bombardierungen umfaßten von neuem die Brücken Poniatowski, Kierbedzia und Srednicowy und die Eisenbahnbrücke . . .

---

*) Oberst Baran.

**) Uhrzeitangabe fehlt.

6. Lagemeldung vom 10. September 1939, 22 Uhr (L. dz. 143/Tjn):

. . . Die Bombenangriffe wurden hauptsächlich auf die Brücken (Eckpfeiler) gerichtet, auf den Eisenbahnknotenpunkt Warschau-Ost und auch auf die Stellen, an denen der Feind die Anwesenheit unserer Artillerie vermutete, d. h. den Park Skaryszewski und den Zoologischen Garten . . .

7. Lagemeldung vom 12. September 1939 (L. dz. 149/Tjn):

Der durch eine Kette von drei Heinkelflugzeugen 111 F um 13.50 ausgeführte Einflug wurde durch einen Zug um 40 mm und schwere Maschinengewehre bekämpft.

Zwei Flugzeuge wurden während des Sturzfluges auf die Brücken abgeschossen. Sie stürzten in der Gegend der Tamkastraße und Miodowastraße ab.

Ungefähr um 17.50 fielen zwei Geschosse von 150 mm in den Bereich der Batterie 103 (in die kleinen Gärten beim Danziger Bahnhof).

Nr. 40

Bericht des Oberkommandos der Wehrmacht vom 5. September 1939

(Auszug)

... An der Nordseeküste griffen gegen 18 Uhr englische Kampfflugzeuge modernster Bauart Wilhelmshaven und Cuxhaven sowie die in den Flußmündungen liegenden Seestreitkräfte an. Die Jagd- und Flakabwehr von Kriegsmarine und Luftwaffe setzte so frühzeitig und wirksam ein, daß der Angriff auf Cuxhaven überhaupt vereitelt wurde, während die Bombenabwürfe in Wilhelmshaven keinen Schaden anrichteten. Von den angreifenden Flugzeugen wurden mehr als die Hälfte abgeschossen...

Nr. 41

Erklärung des Britischen Unterstaatssekretärs des Auswärtigen Buttler im Unterhaus, 6. September 1939

Mr. A. Henderson fragte den Premierminister, welche offiziellen Mitteilungen er darüber habe, daß und in welchem Umfang Deutschland die Zivilbevölkerung und offene Städte in Polen mit Bomben angreife.

Mr. Buttler: Die augenblicklich vorliegenden Informationen geben noch kein abschließendes Bild. Sie scheinen jedoch zu erweisen, daß die Deutschen bei ihren Luftangriffen im allgemeinen militärische Ziele treffen und ihre Angriffe nicht ziellos gegen die Zivilbevölkerung als solche richten, obgleich natürlich viele Opfer unter der Zivilbevölkerung zu verzeichnen sind.

Nr. 42

Der Französische Außenminister an den Schwedischen Gesandten in Paris, 7. September 1939*)

(Abschrift)

„Sehr geehrter Herr Gesandter!

Sie legten mir die Frage vor, ob die Französische Regierung sich an die Deutsche Regierung gewandt habe, um von ihr Zusicherungen zu erhalten entsprechend denjenigen, die die Französische Regierung und die Britische Regierung abgegeben haben, indem sie in der anliegenden Erklärung die Grundsätze aufstellten, die sie in der Kriegführung und namentlich im Luftkrieg zu beachten gedenken.

Ich beehre mich, Ihnen zur Kenntnis zu bringen, daß ich die erwähnte Erklärung mit einer Note vom 3. September der Deutschen Botschaft zur Kenntnis gebracht und gleichzeitig angefragt habe, ob die Reichsregierung bereit wäre, der Regierung der Französischen Republik entsprechende Zusicherungen zu geben.

Noch am gleichen Tage teilte mir die Deutsche Botschaft mit einem Schreiben, das ich abschriftlich anfüge, ihre Absicht mit, diese Anfrage der Reichsregierung zu unterbreiten und mir deren Antwort zu übermitteln, sobald sie sie auf telefonischem Wege erhalten habe. Die Botschaft unterließ übrigens nicht, mich an den Satz zu erinnern, mit dem der Reichskanzler in seiner Rede vor dem Reichstag seinem Willen Ausdruck gab, den Kampf nicht gegen die Frauen und Kinder zu führen, und ankündigte, daß er seiner Luftwaffe den Befehl gegeben habe, nur militärische Ziele anzugreifen**).

Die Antwort der Reichsregierung, die diese Mitteilung ihrer Botschaft erwarten ließ, ist hier noch nicht eingegangen.

Auf Grund Ihrer Demarche glaube ich, Ihre Dienste in Anspruch nehmen zu sollen, um erforderlichenfalls die bereits bei der Deutschen Botschaft vorgebrachte Anfrage zu erneuern, mit der beabsichtigt wurde, von der Reichsregierung Zusicherungen zu erlangen, die den von der Französischen und der Britischen Regierung in ihrer Erklärung vom 3. September enthaltenen Zusicherungen entsprechen.

Genehmigen Sie . . . . **Léger.“**

---

*) Am 3. September 1939 hatte die Havas-Agentur eine gemeinsame französisch-britische Erklärung über Humanisierung der Kriegführung verbreitet (identisch mit Anlage 1 des obigen Schriftstücks) und gleichzeitig mitgeteilt, daß an die Deutsche Regierung die Anfrage gerichtet werden solle, ob sie entsprechende Versicherungen abgeben könne. Da eine derartige Anfrage in Berlin zunächst nicht eingetroffen war, wurde die Deutsche Gesandtschaft in Stockholm am 5. September 1939 telegraphisch beauftragt, die Schwedische Regierung zu ersuchen, in Paris festzustellen, ob die Havas-Meldung zutreffe. In Beantwortung eines entsprechenden Ersuchens übersandte das Schwedische Außenministerium der Deutschen Gesandtschaft in Stockholm am 7. September 1939 die oben wiedergegebene Abschrift eines Schreibens des Französischen Außenministeriums an den Schwedischen Gesandten in Paris vom 7. September, die dem Schwedischen Außenministerium von der Schwedischen Gesandtschaft in Paris telefonisch übermittelt worden war.

**) Vgl. Nr. 34.

Anlage 1:

„Die Regierungen Frankreichs und des Vereinigten Königreichs bestätigen feierlich und öffentlich ihre Absicht, die ihnen aufgezwungenen Feindseligkeiten mit dem festen Wunsch zu führen, die Zivilbevölkerungen zu schonen und die Denkmäler der menschlichen Kultur soweit wie möglich zu erhalten.

In diesem Geiste haben sie mit tiefer Befriedigung den Appell des Präsidenten Roosevelt in der Frage der Luftbombardierungen zur Kenntnis genommen. Sie sympathisieren in jeder Weise mit den humanen Gefühlen, die diesen Appell angeregt haben, und haben darauf zustimmend geantwortet.

Uebrigens hatten sie bereits die Befehlsstellen ihrer Streitkräfte ausdrücklich angewiesen, aus der Luft, zur See oder durch die Bodenartillerie nur wirklich militärische Ziele im engsten Sinne des Wortes zu bombardieren.

Von den Bombardierungen durch die Bodenartillerie sind die Ziele ausgeschlossen, die keine eindeutig militärische Bedeutung haben, namentlich die Wohngebiete außerhalb des Schlachtfeldes; man wird sogar bestrebt sein, die Zerstörung von Wohnvierteln und Gebäuden von kulturellem Wert zu vermeiden.

Bezüglich des Einsatzes der Seestreitkräfte, einschließlich der Unterseeboote, werden sich die beiden Regierungen streng an die im Protokoll von 1936 über den Unterseebootkrieg formulierten und von fast allen zivilisierten Staaten angenommenen Regeln halten.

Außerdem wollen sie sogar ihre Luftstreitkräfte gegen die Handelsschiffe auf See nur unter Einhaltung der als auf ihre Kriegsschiffe anwendbar anerkannten Regeln des Seekriegs einsetzen.

Schließlich bestätigen die beiden verbündeten Regierungen erneut ihre Absicht, sich den Vorschriften des Genfer Protokolls von 1925, das im Kriegsfalle die Verwendung von Erstickungs- und Giftgasen und bakteriologischen Kampfmitteln verbietet, zu unterwerfen.

Dieser Antrag wird der Deutschen Regierung unterbreitet werden, um festzustellen, ob sie entsprechende Zusicherungen zu geben bereit ist. Sollte aber der Gegner gewisse Beschränkungen, denen sich die Regierungen Frankreichs und Großbritanniens beim Einsatz ihrer Streitkräfte unterwerfen, nicht einhalten, so behalten sich natürlich diese Regierungen das Recht vor, alle Maßnahmen zu treffen, die sie für zweckentsprechend erachten."

Anlage 2:

Der Inhalt der Anlage 2 entspricht in allen wesentlichen Punkten der Zusammenfassung in der Note des Außenministeriums.

Nr. 43

Aufzeichnung des früheren Deutschen Geschäftsträgers in Paris

Berlin, den 8. September 1939

Am 3. September früh erhielt ich in Paris eine Note des Außenministers Bonnet, in der er mir von einem Aufruf der Französischen Regierung an verschiedene fremde Regierungen zur Humanisierung eines etwaigen Krieges Kenntnis gab*). Der Aufruf sah eine Humanisierung des Krieges durch Verzicht auf den Angriff offener Städte, des Kampfes gegen die Zivilbevölkerung, des Gebrauchs von Giftgasen gegen nichtbefestigte Ortschaften usw. vor. In seiner Note bat Außenminister Bonnet, die Zustimmung der Deutschen Regierung zu den niedergelegten Grundsätzen herbeizuführen.

Ich habe die Note unverzüglich bestätigt und erklärt, ich würde ihren Inhalt zur Kenntnis der Deutschen Regierung bringen. Ich habe hinzugefügt, daß ich nicht unterlassen wolle, die Französische Regierung schon jetzt darauf hinzuweisen, daß der Führer und Reichskanzler die Initiative zur Humanisierung des Krieges bereits in seiner Reichstagsrede vom 1. September ergriffen habe. Ich habe dann in meiner Note wörtlich den Passus der Führerrede wiedergegeben, der die Grundsätze über die Kriegsführung und die Behandlung der Zivilbevölkerung enthält.

Die Note und das Konzept meiner Antwort befinden sich nicht bei den nach Berlin verbrachten Akten und sind offenbar in Paris zurückgeblieben.

Bräuer

---

*) Vgl. Nr. 42, Anlage 1.

Nr. 44

Aufrufe des polnischen Rundfunksenders Warschau vom 8. September 1939

19.45. „Hiermit fordern wir die Einwohner aller Städte und Dörfer auf, sofort mit dem Bau von Barrikaden und Tankfallen zu beginnen. Die Barrikaden sind aus verschiedenen Materialien zu errichten, aus alten Wagen, gefällten Bäumen usw. Tankfallen sollen an den Ortseingängen gebaut werden. Sie müssen 2 Meter tief und 6 Meter breit sein, damit der Tank auch hineinfällt. Außerdem hat die Bevölkerung Benzin und andere schnell brennbare Mittel in der Nähe der Tankfallen zu halten, damit der Tank sofort unschädlich gemacht werden kann, indem er Feuer fängt. Mit dem Bau von Tankfallen soll aber solange gewartet werden, bis die eigenen Truppen in Sicherheit sind."

21.08 „In dem Kampf gegen Deutschland arbeitet die polnische Bevölkerung Hand in Hand mit den polnischen Soldaten, indem sie überall Barrikaden errichtet und mit allen Mitteln die deutschen Aktionen und Stellungen bekämpft."

Nr. 45

Rede des Oberbefehlshabers der Luftwaffe Generalfeldmarschall Göring vom 9. September 1939

(Auszug)

. . . Ich erinnere daran, es ist der Befehl des Führers gewesen, keine offenen Städte mit Bomben anzugreifen. Ich habe sogar militärische Objekte von höchster dringlicher Wichtigkeit in Polen nicht angegriffen, weil sie zu nahe an einer Stadt gelegen sind. Soweit sind wir gegangen!

Dort, wo meine Luftwaffe angegriffen und den Feind zusammengeschmettert hat, sind es stets militärische Objekte, Eisenbahnen, Eisenbahnknotenpunkte, Straßen, feindliche Kolonnen, Batteriestellungen usw. gewesen . . .

. . . Wir haben die Parole ausgegeben, nicht unnötig friedliche Menschen totzuschmeißen und offene Städte anzugreifen. Sollte das aber verwechselt werden und sollte man glauben, das bei uns machen zu können, dann warne ich: die Vergeltung würde augenblicklich erfolgen . . .

Nr. 46

Bericht des französischen Luftattachés in Warschau General Armengaud

(Auszug)

Bukarest, den 14. September 1939

. . . .

Die deutsche Luftwaffe

Die deutsche Luftwaffe hat von Anfang an, auch um den Preis schwerer Verluste, ungefähr so gearbeitet wie 1914/15 bei uns, als es noch keine Jagdflieger und kaum Flakartillerie gab; sie macht ihre Angriffe auf Landziele in der Schlacht im Tiefflug. Ihre Aufklärungsflüge fliegt sie in 1800 bis 2000 m Höhe; ebenso ihre horizontalen Bombardierungsflüge; bei den Sturzflugangriffen stößt sie tief herunter; sie arbeitet wie auf dem Schießplatz. Daher sitzen ihre Bomben auch sehr genau; sie zielt — und oft mit Erfolg — auf Fabriken, Stützpunkte und Flugplätze, Bahnhöfe und Kunstbauten, sogar auf die kleinen Brücken über Eisenbahnen und Straßen, auf Fernsprechzentralen und Befehlsstellen; oft benutzt sie sehr großkalibrige Bomben. Aber trotz der Möglichkeiten, die sich ihr bieten, gelingt es ihr im allgemeinen nicht, die Brücken zu treffen.

Diese Tätigkeit der deutschen Luftwaffe hat, wie ich es schon in meinem Bericht vom 31. August vorausgesagt habe, einen sehr erheblichen Einfluß auf den Verlauf der Operationen gehabt, und zwar auf vielfache Weise: Durch die erzwungene Verlangsamung der Truppenkolonnen auf dem Rückzug und derer, die für die Front bestimmt sind; durch die sehr schnelle und manchmal sehr vollständige Zerstörung (Fabriken!) der Luftwaffe, durch die Zerstörung der Verbindungsstraßen, die sehr ernst ist, und durch die noch ernstere Zerstörung der Verbindungen selbst. Die Furcht, die sie den Stäben eingeflößt hat, hat diese veranlaßt, sich zu zerstreuen und zu verbergen und ihren Aufenthaltsort sowie ihre Verlegung geheimzuhalten, so daß sie oft für eine gewisse Zeit jede Verbindung miteinander verloren haben.

. . . .

Die Unterlegenheit zur Luft lähmt das Oberkommando

Am Schluß dieser sehr summarischen historischen Darstellung muß ich noch besonders darauf hinweisen, welche Lehre man aus dem Beginn dieses Feldzuges ziehen kann hinsichtlich der Wirkungen der Ueberlegenheit zur Luft auf die Ausübung des Oberbefehls und auf die Kriegführung. Das polnische Oberkommando sah nichts mehr, hatte keine Verbindungen, keine Verbindungsstraßen, die Arbeitsbedingungen seines Generalstabes waren außerordentlich schlecht; es erfuhr nichts mehr, konnte nichts mehr voraussehen, keine Nachrichten und keine Befehle mehr ausgeben. Deutschlands Ueberlegenheit zur Luft ist vielleicht die erste und wichtigste Ursache der polnischen Niederlage, denn sie hat das Oberkommando und die Verkehrsadern des mobilisierten Landes fast ausgeschaltet.

Die deutsche Luftwaffe hat die Bevölkerung nicht angegriffen

Ich muß unterstreichen, daß die deutsche Luftwaffe nach den Kriegsgesetzen gehandelt hat; sie hat nur militärische Ziele angegriffen, und wenn oft Zivilpersonen getötet und verwundet worden sind, so deswegen, weil sie sich neben diesen militärischen Zielen befanden. Es ist wichtig, daß man das in Frankreich und England erfährt, damit keine Repressalien unternommen werden, wo kein Anlaß zu Repressalien ist, und damit nicht von uns aus ein totaler Luftkrieg entfesselt wird.

Nr. 47

Das Auswärtige Amt an die Deutsche Gesandtschaft in Stockholm

(Telegramm)

Berlin, den 16. September 1939

Bitte Schwedische Regierung umgehend ersuchen, über ihre Gesandtschaft in Paris Französischem Außenministerium auf Schreiben vom 7. September 1939*) folgendes Schriftstück zu übergeben:

„Die Reichsregierung hat von der gemeinsamen Erklärung der Französischen und Britischen Regierung**) Kenntnis genommen, worin diese Regierungen gewisse Grundsätze anführen, die sie bei der Führung des Krieges, insbesondere des Luftkrieges, beobachten zu wollen behaupteten.

Die Reichsregierung weist darauf hin, daß sie nach dem Scheitern der Abrüstungskonferenz als erste den Vorschlag gemacht hat, die gemeinsamen Bemühungen der Mächte auf das Zustandekommen bindender Vereinbarungen über eine möglichst weitgehende Humanisierung der Kriegführung zu richten***). Diese Vorschläge haben damals bei den anderen Mächten keinerlei Widerhall gefunden. Gleichwohl hat der Deutsche Reichskanzler bei Beginn der Deutschland aufgezwungenen Aktion gegen Polen in seiner Reichstagsrede vom 1. September†) öffentlich bekanntgegeben, daß die Kampfhandlungen von deutscher Seite in Uebereinstimmung mit jenen deutschen Vorschlägen durchgeführt und nicht gegen Frauen und Kinder gerichtet werden würden. Zugleich hat der Deutsche Reichskanzler bei dieser Gelegenheit den der deutschen Luftwaffe erteilten Befehl mitgeteilt, ihre Angriffe auf militärische Objekte zu beschränken.

Dementsprechend hat die Deutsche Regierung auch den Appell des Präsidenten Roosevelt begrüßt und in positivem Sinn beantwortet††). Sie hat ferner der Britischen Regierung auf deren besondere Anfrage die Mitteilung zugehen lassen, daß Deutschland die Bestimmungen des Genfer Abkommens vom Jahre 1925 über das Verbot der Verwendung erstickender, giftiger und ähnlicher Gase befolgen werde.

Die deutschen Streitkräfte haben sich zu Lande, zur See und in der Luft auf das strikteste an diese deutschen Erklärungen gehalten. Selbstverständlich standen aber diese Erklärungen, wie schon bei ihrer Abgabe betont wurde, unter der Voraussetzung, daß die Gegner Deutschlands die gleichen Regeln der Kriegführung beobachten würden. In dieser Beziehung muß die Reichsregierung feststellen, daß die Gegner Deutschlands ihre feierlichen Zusicherungen und Verpflichtungen schon jetzt vielfach in flagrantester Weise gebrochen haben.

Die Britische Regierung hat sich in krassestem Widerspruch mit der in ihrer Erklärung enthaltenden feierlichen Versicherung, die Zivilbevölkerung schonen zu wollen, durch die von ihr verkündeten Bestimmungen über die Konterbande

---

*) Vgl. Nr. 42.
**) Vgl. Nr. 42, Anlage 1.
***) Vgl. Nr. 13.
†) Vgl. Nr. 34.
††) Vgl. Nr. 37.

über alle anerkannten Regeln der Seekriegführung hinweggesetzt und damit in aller Form die Hungerblockade gegen Frauen und Kinder eröffnet. Ferner hat die Polnische Regierung ohne jede militärische Notwendigkeit viele offene Städte zum Stützpunkt ihrer militärischen Operationen und damit zum Kampfgebiet gemacht. Sie hat darüber hinaus durch ihre Organe öffentlich ihre Zivilbevölkerung zum schrankenlosen Franktireurkrieg gegen die deutsche Armee aufrufen lassen. An vielen Stellen hat die polnische Zivilbevölkerung diesem Aufruf Folge geleistet und sich die furchtbarsten Grausamkeiten gegen deutsche Soldaten zuschulden kommen lassen. Endlich haben polnische Truppen bei ihren Maßnahmen, wie authentisch nachgewiesen wurde, entgegen ihren vertraglichen Verpflichtungen Gelbkreuzgas verwendet.

Die deutschen Streitkräfte werden auch künftig den vom Führer verkündeten Grundsätzen ritterlicher und humaner Kriegführung treu bleiben. Die Reichsregierung muß sich aber vorbehalten, jeden von ihren Gegnern begangenen Rechtsbruch in der ihr geeignet erscheinenden Weise zu vergelten und im Hinblick auf den von England mit der Waffe der Hungerblockade gegen Frauen und Kinder geführten Krieg mit denjenigen Waffen zu beantworten, die ihr hierfür zur Verfügung stehen und die auch dem Gegner die furchtbaren Folgen der von ihm gewollten Methoden vor Augen führen. Ribbentrop."

Albrecht

Nr. 48

Der deutsche Kommandierende General vor Warschau an den polnischen militärischen Befehlshaber in Warschau

vor Warschau, den 16. 9. 39

Ich fordere hiermit den militärischen Befehlshaber in Warschau zur bedingungslosen Uebergabe der Stadt innerhalb 6 Stunden vom Zeitpunkt der Uebergabe meines Schreibens an gerechnet auf.

Im Fall der Ablehnung wird die Stadt als Festung mit allen sich daraus ergebenden Folgerungen behandelt werden.

Der deutsche Kommandierende
General vor Warschau:

Petzel,
Generalleutnant.

Nr. 49

Amtliche Verlautbarung

Berlin, 16. September

Warschau ist bekanntlich seit einigen Tagen von deutschen Truppen vollkommen umzingelt. Die deutsche Armee steht unmittelbar vor den Toren der Stadt bzw. bereits in den Warschauer Vorstädten. Eine unverantwortliche polnische Truppenführung hat Warschau zum Kampfgebiet gemacht, indem sie die Stadt militärisch zur Verteidigung eingerichtet und die gesamte Zivilbevölkerung zum Franktireurkrieg aufgerufen hat. Um nicht unnötige Zerstörungen in der Stadt anzurichten, hat die deutsche Wehrmacht es bisher unterlassen, die Stadt selbst unter Feuer zu nehmen. Im Gegenteil haben die umzingelnden deutschen Truppen mit einer Geduld ohnegleichen die Schießereien des polnischen Militärs und der Franktireure aus der Stadt über sich ergehen lassen.

Diese Geduld ist nunmehr erschöpft. Die deutsche Wehrmacht ist nicht weiter gewillt, diesen jedem Völkerrecht ins Gesicht schlagenden Zuständen länger zuzuschauen, sondern sie ist nunmehr entschlossen, diesem militärisch gänzlich bedeutungslosen, aber gegenüber der polnischen Zivilbevölkerung verbrecherischen Treiben der Warschauer militärischen Machthaber ein Ende zu bereiten.

In dem Wunsch, ein äußerstes zu tun, um trotz dieser polnischen Verblendung Leib und Leben der Zivilbevölkerung in Warschau zu schonen, hat die deutsche Wehrmacht Sonnabendvormittag (16. September) 8 Uhr einen deutschen Offizier als Parlamentär nach Warschau entsandt, um die Stadt zur kampflosen Uebergabe aufzufordern und dadurch unabsehbares Blutvergießen zu verhindern. Der deutsche Parlamentär ist um 8.30 Uhr beim Stab eines polnischen Infanterieregiments eingetroffen und verlangte, zum Kommandanten von Warschau geführt zu werden, um diese schriftliche Aufforderung des kommandierenden deutschen Generals zu überbringen. Dieses Verlangen wurde von dem polnischen Kommandeur an den Kommandanten von Warschau weitergeleitet. Nach eineinhalbstündigem Warten erhielt der deutsche Parlamentär die Antwort, daß sich der Warschauer Stadtkommandant weigere, ihn auch nur zu empfangen Auf das Verlangen des deutschen Offiziers, die schriftliche Botschaft dem Warschauer Stadtkommandanten auf irgendeine andere Weise zu übermitteln, wurde auch dies abgelehnt.

Da nach den bisherigen Kriegserfahrungen der Befehlshaber der deutschen Truppen vor Warschau annehmen mußte, daß die polnische Zivilbevölkerung von diesen Tatsachen keinerlei Kenntnis erhalten würde, sondern daß die herrschende polnische Kaste, ohne mit der Wimper zu zucken, in ihrem Hochmut und in ihrer Verblendung für ihre egoistischen Ziele die gesamte Zivilbevölkerung Warschaus opfern würde, hat das Oberkommando der Wehrmacht, wieder in Uebereinstimmung mit seinem Wunsche, Frauen und Kinder zu schonen, Sonnabendnachmittag 15.10 Uhr durch mehrere Flugstaffeln der deutschen Luftwaffe Millionen Exemplare von Flugblättern über Warschau abwerfen lassen.

Das Flugblatt hat folgenden Wortlaut:

„An die Bevölkerung von Warschau.

Eure Regierung hat die Stadt zum Kriegsgebiet gemacht und des Charakters einer offenen Stadt entkleidet. Eure militärische Leitung hat nicht nur mit

Artillerie in die Stadt hineinschießen lassen, sondern sie hat Euch aufgefordert, in jeder Straße Barrikaden zu errichten und den deutschen Truppen heftigsten Widerstand zu leisten. Durch die Aufforderung, daß auch die Zivilbevölkerung mit den Waffen in der Hand den deutschen Truppen Widerstand zu leisten hat und damit Franktireurkrieg führt, hat Eure Regierung das Völkerrecht gebrochen.

Da diesem Aufruf von Teilen der Warschauer Bevölkerung Folge geleistet worden ist, wurde Warschau Kampfgebiet. Trotzdem wurden bisher gemäß dem Befehl des Führers nur Stadtteile von militärischer Bedeutung, die Bahnhöfe, Flugplätze, Kasernen und Durchmarschstraßen sowie Stadtteile mit militärischen Anlagen mit Bomben beworfen. Es wird nunmehr folgende Aufforderung an den Militärbefehlshaber in Warschau gerichtet:

1. Die Stadt ist mit allen Teilen innerhalb zwölf Stunden den deutschen Truppen, welche Warschau umzingelt halten, zur kampflosen Besetzung zu übergeben.

2. Die polnischen Truppen in Warschau haben sich in der gleichen Zeit den deutschen Militärbefehlshabern zu ergeben.

3. Falls der Aufforderung Folge geleistet wird, ist dem nächsten deutschen Militärbefehlshaber die Uebergabe anzuzeigen.

4. Sollte der Aufforderung nicht Folge geleistet werden, so hat die Zivilbevölkerung zwölf Stunden Zeit, das Stadtgebiet auf den Straßen nach Siedlce und nach Garwolin zu verlassen.

Nach Ablauf dieser zwölf Stunden wird in diesem Falle das gesamte Stadtgebiet Warschau als Kampfgebiet mit allen sich daraus ergebenden Folgen behandelt.

Die Zwölf-Stunden-Frist beginnt mit Abwurf dieses Flugblattes."

Nach diesem Flugblattabwurf hat nunmehr die Zivilbevölkerung die Möglichkeit, die Stadt unversehrt zu räumen. Diese Aufforderung gilt gleichzeitig als letzte Warnung an den militärischen Befehlshaber in Warschau. Sollte diese Warnung nicht befolgt werden, so trifft die derzeitigen Machthaber die alleinige Verantwortung für die dann unvermeidlichen Verluste und Zerstörungen.

Nr. 50

Der Chef des Oberkommandos der Wehrmacht an Abteilung L

(Fernschreiben)

Zur sofortigen Weitergabe an OKH. und Ob. d. L.
(an OKH. fernmündl. vorausgegeben)

Ob. d. H. regelt die Annahme des poln. Parlamentärs nach Ort und Zeit sowie die Uebermittlung dieser Bereitwilligkeit an den Kommandanten von Warschau über den Deutschlandsender. Der Parlamentär ist anzuhören und ihm dann folgendes zu eröffnen:

1. Der poln. Kommandant von Warschau hat es am 16. 9. abgelehnt, die gleiche Frage mit einem deutschen Unterhändler zu erörtern.
2. Die in den abgeworfenen Flugblättern der Bevölkerung gestellte Räumungsfrist ist nutzlos verstrichen.
3. Inzwischen sind durch die deutschen Truppen alle militärischen Vorbereitungen zum Angriff gegen die Stadt wieder getroffen worden. Der Artl.-Aufmarsch ist beendet. Aus diesen Gründen ist die deutsche Wehrmacht nicht mehr in der Lage, über die Räumung der Stadt durch die Zivilbevölkerung zu verhandeln, sondern muß die bedingungslose Uebergabe der Stadt fordern.
4. Frist für die Antwort auf dieses Angebot bis 18. 9., 8.00 Uhr.
5. Mit dem vom Diplomatischen Korps angebotenen Parlamentär, der gleichzeitig mit dem Parlamentär des Kommandanten zu beordern ist, sind unabhängig vom Ergebnis der Verhandlungen mit dem Stadtkommandanten die Einzelheiten über die Evakuierung des Diplomatischen Korps und der ausländischen Kolonien in Warschau zu vereinbaren.

Chef OKW.
17. 9. 1939

Nr. 51

Amtliche Verlautbarung

Berlin, 17. September 1939

Nachdem der Kommandant von Warschau es bekanntlich noch am Sonnabend (16. September) abgelehnt hatte, einen in die Stadt gesandten deutschen Parlamentär zu empfangen, hat er am Sonntag (17. September) durch Funkspruch an das Oberkommando des deutschen Heeres um Annahme eines polnischen Parlamentärs gebeten.

Von deutscher Seite wurde daraufhin dem Kommandanten von Warschau die Bereitwilligkeit, einen polnischen Parlamentär anzunehmen, übermittelt.

Sonntag, abends um 18.06 Uhr, wurde über den Deutschlandsender in deutscher Sprache, kurz darauf auch in polnischer Sprache, dem Warschauer Stadtkommandanten die deutsche Antwort auf die durch Parlamentär gemachten Vorschläge übermittelt. Diese Antwort hat folgenden Wortlaut:

„Auf Ihre Bitte an das Oberkommando des deutschen Heeres wird erwidert: Der Parlamentär für die Räumung Warschaus durch die Bevölkerung sowie der Vertreter des Diplomatischen Korps für die Räumung Warschaus durch das Diplomatische Korps und die ausländischen Kolonien werden in je einem Kraftwagen am 17. September um 22 Uhr MEZ. an der Straße Praga—Minsk Mazowiecki in Höhe der deutschen Vorposten erwartet.

Die Kraftwagen der Parlamentäre haben beleuchtete weiße Flaggen und volles Licht zu zeigen. Von polnischer Seite ist dafür zu sorgen, daß je 2000 Meter rechts und links der Straße volle Waffenruhe herrscht. Von deutscher Seite wird ebenfalls dafür gesorgt werden. Der Empfang dieser Mitteilung ist durch Warschau auf 7190 khz umgehend zu bestätigen.

Das Oberkommando des deutschen Heeres."

Nr. 52

Das Oberkommando der Wehrmacht, Abteilung L I, an die Oberbefehlshaber des Heeres und der Luftwaffe

(Fernschreiben)

Berlin, den 18. 9. 1939

Der Führer und Oberste Befehlshaber ordnet am 18. September, 11.45 Uhr, an:

1. Da poln. Parlamentäre bisher nicht erschienen sind, hat OKH. Angriff auf Warschau, beginnend mit Angriff auf Praga, unverzüglich einzuleiten.

Die Luftwaffe hat dabei nur im Rahmen der milit. notwendigen Kampfhandlungen mitzuwirken.

2. Im Westen ist die Bekämpfung franz. Fesselballone, die Feuer ihrer Artl. leiten, auch für Luftwaffe freigegeben.

OKW. / L I Nr. 1803 g. Kdos.

Nr. 53

Führerrede vom 19. September 1939 im Artushof in Danzig

(Auszug)

. . . Ich habe der deutschen Luftwaffe den Auftrag gegeben, daß sie diesen Krieg human führt, das heißt, daß sie ihn nur gegen kämpfende Truppen führt. Die Polnische Regierung und Heeresleitung gaben ihren zivilen Menschen den Auftrag, diesen Krieg als Heckenschützen aus dem Hinterhalt zu führen. Es war sehr schwer, sich hier in der Gewalt zu behalten. Ich möchte aber hier gleich betonen: Man soll sich auch hier wieder nicht in den demokratischen Staaten einbilden, daß das ewig so sein muß. Wenn man es anders haben will, dann kann man es auch anders haben! Auch hier kann meine Geduld ein Ende finden! . . .

. . . England hat bereits wieder mit Lug und Heuchelei den Kampf gegen Frauen und Kinder begonnen. Man hat eine Waffe, von der man glaubt, daß man in ihr unangreifbar ist, nämlich die Seemacht, und sagt nun: Weil wir in dieser Waffe selber nicht angegriffen werden können, sind wir berechtigt, mit dieser Waffe die Frauen und Kinder nicht nur unserer Feinde, sondern auch der Neutralen, wenn notwendig, zu bekriegen.

Man soll sich auch hier nicht täuschen! Es könnte sehr schnell der Augenblick kommen, da wir eine Waffe zur Anwendung bringen, in der wir nicht angegriffen werden können. Hoffentlich beginnt man dann nicht plötzlich, sich der Humanität zu erinnern und der Unmöglichkeit, gegen Frauen und Kinder Krieg zu führen. Wir Deutsche möchten das gar nicht. Es liegt uns nicht. Ich habe auch in diesem Feldzug den Befehl gegeben, wenn irgendmöglich, Städte zu schonen. Wenn natürlich eine Kolonne über einen Marktplatz marschiert, und sie wird von Fliegern angegriffen, dann kann es passieren, daß auch leider ein anderer dem zum Opfer fällt. Grundsätzlich haben wir dieses Prinzip aber durchgehalten. Und in Orten, in denen nicht durch wahnsinnige, verrückte oder verbrecherische Elemente Widerstand geleistet wurde, ist nicht eine Fensterscheibe zugrunde gegangen. In einer Stadt wie Krakau ist außer dem Bahnhof, der ein militärisches Objekt ist, und dem Flugplatz nicht eine Bombe in die Stadt gefallen. Wenn man umgekehrt in Warschau nun den Krieg des Zivils beginnt in allen Straßen, aus allen Häusern, dann wird selbstverständlich dieser Krieg auch die ganze Stadt überziehen. Wir haben uns schon an diese Regeln gehalten, wir möchten uns auch in der Zukunft an diese Regeln halten . . .

Nr. 54

Kriegstagebuch des Luftwaffenführungsstabes

(Auszug)

16. September 1939

17.35 Oberstleutnant Conrad (Karinhall) an Chef I a: Ob. d. L. befiehlt: 17. 9. ist durch Aufklärer festzustellen, ob Flüchtlingskolonnen Warschau verlassen; diese sind keinesfalls zu bekämpfen.

21. September 1939

11.45 O. K. H. Genst. 1. Abt. (Oberst von Greiffenberg) fernmündlich an Chef 1. Abt.: 3. Armee hat von 14.00—18.00 Waffenruhe 2 km beiderseits Straße Warschau—Radzymin zwecks Abtransport der Diplomaten angeordnet.

11.50/11.55 Chef I a fernmündlich an Chefs der Lfl. 1 und 4: Angriffe auf Warschau haben 14.00—18.00 zu unterbleiben.

Nr. 55

Berichte des Oberkommandos der Wehrmacht vom 18. und 22. September 1939

(Auszug)

18. 9. . . . Aus dem umschlossenen Warschau wurde am 17. September durch polnische Sender die Bitte an das Oberkommando der deutschen Wehrmacht gerichtet, einen polnischen Parlamentär zu empfangen. Das Oberkommando der Wehrmacht hat seine Bereitwilligkeit dazu erklärt. Bis zum 17. September Mitternacht hat sich kein Parlamentär bei unseren Truppen eingefunden. . . .

22. 9. . . . Mehrere polnische Ausbruchsversuche aus Praga wurden abgewiesen. Auf der Strecke Warschau—Siedlce wurde bei Kaluszyn nach kurzem Gefecht ein feindlicher Panzerzug genommen.

178 Angehörige des Diplomatischen Korps und 1200 sonstige Ausländer konnten gestern Warschau auf dem von den deutschen Kommandobehörden bestimmten Wege verlassen. Sie wurden von deutschen Offizieren empfangen und in bereitgestellten Zügen noch in der Nacht nach Königsberg befördert. Sämtliche Ausländer sind wohlbehalten und unverletzt. . . .

Nr. 56

Bericht des Oberbefehlshabers der deutschen 8. Armee über die Einnahme von Warschau*)

(Auszug)

......

Auf spontane Veranlassung der Bürgerschaft durch Funkspruch angekündigte Unterhändler, denen Zeit und Ort freien Geleits zugesichert waren, wurden von der militärischen Kommandostelle der Festung nicht herausgelassen. Mit Mühe und Not hatten die Vertretungen der neutralen Staaten für sich und ihre Staatsangehörigen den Auszug aus der Festung bei der polnischen Führung erwirkt, tatkräftig unterstützt von den deutschen Einschließungstruppen, die Kraftwagen und einen Eisenbahnzug nach Ostpreußen bereitstellten. Endlich war dem polnischen kommandierenden General und Verteidiger von Warschau, General Rommel, durch öffentlichen Funkspruch und Flugblatt-Abwurf die Bereitschaft der deutschen Führung zum freien Abzug der Bevölkerung auf bestimmten Straßen und erneute Entsendung von Unterhändlern zwecks näherer Festlegung der Fürsorgemaßnahmen nahegelegt worden. Da das Armee-Oberkommando annehmen mußte — der Sender Warschau verkündete ständig den heldenhaften Widerstand der polnischen Truppen an allen Fronten und stellte sofortige, militärische Unterstützung Englands und Frankreichs auf polnischem Boden in Aussicht —, daß sowohl militärische Leitung wie auch Bürgerschaft der Festung über die vollendete Katastrophe ihrer Wehrmacht nicht genügend unterrichtet waren, wurden noch am 23. September Kriegsgefangene, polnische Offiziere und Mannschaften, die den Zusammenbruch an mehreren Frontabschnitten miterlebt hatten, zur Berichterstattung nach Warschau entsandt. — Alles vergebens! In der Zeit vom 9. September bis in die letzten Tage waren nicht nur die militärischen Anlagen der Festung verstärkt und durch Feldbefestigungen verbunden, nein, jedes Haus der äußeren Stadt war mit Sandsäcken, Beton und Stacheldraht zu einer kleinen Festungsanlage ausgebaut, Häuserblocks waren durch unterirdische Verbindung der Keller zu starken Widerstandsgruppen zusammengefaßt und unter einheitlichen militärischen Befehl gestellt worden. Alle in das Innere der Stadt führenden Straßen waren durch tiefe Panzer-Abwehrgräben gesichert, hinter ihnen hohe Barrikaden aus umgestürzten Straßenbahnwagen, Pflastersteinen und Erdwällen errichtet. Jeder Park und sonstige freie Platz war mit Batterien bis tief in die Innenstadt gespickt. — Was die irregeleitete Bevölkerung auf Veranlassung ihrer militärischen Führung in diesen wenigen Wochen bis zum Beginn des Angriffs in völliger Verkennung moderner Waffenwirkung zur Zerstörung der eigenen Hauptstadt beigetragen hat, wird auch für den härtesten Soldaten erschütternd bleiben! —

Am 25. September weilt der Führer und Oberste Befehlshaber der Wehrmacht sowie der Oberbefehlshaber des Heeres mit seinem Chef des Generalstabes an der Front vor Warschau. Der Angriffsplan der 8. Armee wird vorgetragen; dieser sieht Beginn des eigentlichen Artillerieangriffs gegen die Festung am 26. September früh vor; bis dahin werden nur erkannte militärische Ziele, feindliche

*) Akten des Heeresarchivs Potsdam, E 171, 2.

Batteriestellungen und lebenswichtige Anlagen, wie Gas-, Wasser- und Elektrizitätswerke, von der Erde und aus der Luft bekämpft. Beim XIII. Armeekorps hat der Infanterieangriff am 26. September 8.00 Uhr, beim XI. Armeekorps einen Tag später zu beginnen; vorher sind Gelegenheiten zur örtlichen Verbesserung der Ausgangsstellungen auszunutzen.

. . . . . .

Nach Vortrag des Angriffsplans im großen, der später im einzelnen die volle Billigung des Oberbefehlshabers des Heeres findet, regt der Führer in lebhaftem Empfinden für die bevorstehenden Leiden der Bevölkerung der Festung den nochmaligen und letzten Versuch an, die militärische Führung Warschaus zur Aufgabe ihres wahnwitzigen Verhaltens umzustimmen. Er sichert den Offizieren der Festung Ueberführung in ehrenvolle Kriegsgefangenschaft unter Beibehalt ihres Degens im Falle sofortiger Uebergabe zu; den Unteroffizieren und Mannschaften wird alsbaldige Entlassung in die Heimat nach Erledigung der erforderlichen Formalitäten in Aussicht gestellt. Der Festungsbesatzung wird diese Proklamation in Hunderttausenden von Flugblättern durch Flieger-Abwurf übermittelt. — Um die Mittagszeit beobachtet der Führer und Oberste Befehlshaber der Wehrmacht sowie der Oberbefehlshaber des Heeres von Uebersichtspunkten wenige hundert Meter hinter der vorderen Infanterie-Linie das Stadtbild der Festung und das auf ihren militärischen Objekten liegende Artillerie- und Fliegerbomben-Feuer. Der erste wichtige Angriffserfolg des frühen Morgens wird ihnen gemeldet ...

Der 25. und die Nacht zum 26. September verstreicht, ohne daß sich der Verteidiger Warschaus, General Rommel, zur Frage der Uebergabe rührt. — So nimmt denn das Schicksal der Festung seinen Lauf! Mit dem ersten Morgengrauen des 26. September setzt auf der ganzen Armeefront das Vorbereitungsfeuer der Artillerie ein ...

. . . . .

Nr. 57

Bericht des Oberkommandos der Wehrmacht vom 26. September 1939

(Auszug)

... Nachdem es trotz aller Bemühungen nicht gelungen ist, den polnischen Kommandanten von der Grausamkeit und Nutzlosigkeit eines Widerstandes in Warschau zu überzeugen, wurde gestern mit den Kampfhandlungen gegen die Stadt begonnen. In kühnem Handstreich wurde das Fort Mokotowski und anschließend ein Teil der Vorstadt Mokotow genommen ...

Nr. 58

a) Bericht des Oberkommandos der Wehrmacht vom 27. September 1939

(Auszug)

... Die zu Beginn der Kampfhandlungen als offene Stadt angesehene und dementsprechend respektierte Hauptstadt Polens ist durch die Maßnahmen des Kommandanten, die Wiederinstandsetzung der alten Forts und die Bewaffnung von Teilen der Zivilbevölkerung in eine Festung verwandelt.

Der Angriff dagegen brachte gestern im Nordteil die erste, im Südteil die zweite Fortlinie in unseren Besitz. Unter dem Eindruck dieser Angriffe hat der polnische Kommandant heute vormittag die Uebergabe der Stadt und der Besatzung angeboten. Der Oberbefehlshaber des Heeres hat den General Blaskowitz beauftragt, die Uebergabeverhandlungen zu führen ...

b) Sondermeldung vom 28. September 1939

Warschau hat bedingungslos kapituliert. Die förmliche Uebergabe der Stadt an das deutsche Armeeoberkommando wird voraussichtlich am 29. September stattfinden. Die militärische Besatzung beträgt nach den bisherigen Feststellungen über 100 000 Mann.

Nr. 59

Führerrede vom 6. Oktober 1939 (Reichstagssitzung)

(Auszug)

... Ich habe es verboten, mehr Menschen zu opfern, als unbedingt notwendig war, das heißt, ich habe die deutsche Kriegführung von der noch im Weltkrieg herrschenden Meinung, um des Prestiges willen bestimmte Aufgaben unter allen Umständen in einer bestimmten Zeit lösen zu müssen, bewußt frei gemacht. Was zu tun unbedingt erforderlich ist, geschieht ohne Rücksicht auf Opfer. Was aber vermieden werden kann, unterbleibt. Es wäre für uns kein Problem gewesen, den Widerstand von Warschau so, wie wir ihn vom 25. bis 27. September gebrochen haben, vom 10. bis 12. zu brechen. Ich habe nur erstens deutsche Menschenleben schonen wollen und zweitens mich der wenn auch trügerischen Hoffnung hingegeben, es könnte auch auf der polnischen Seite wenigstens einmal die verantwortungsbewußte Vernunft statt dem verantwortungslosen Wahnsinn siegen.

Es hat sich aber gerade hier im kleineren Rahmen genau das gleiche Schauspiel wiederholt, wie wir es im größten Umfang vorher erleben mußten. Der Versuch, die verantwortliche polnische Truppenführung, soweit es eine solche überhaupt gab, von der Zwecklosigkeit, ja dem Wahnwitz eines Widerstandes gerade in einer Millionenstadt zu überzeugen, schlug fehl. Ein Generalissimus, der selbst in wenig ruhmvoller Weise die Flucht ergriff, zwang der Hauptstadt seines Landes einen Widerstand auf, der höchstens zu ihrer Vernichtung führen mußte. In der Erkenntnis, daß die Fortifikation der Festung Warschau allein dem deutschen Angriff wohl nicht standhalten würde, verwandelte man die Stadt als solche in eine Festung, durchzog sie kreuz und quer mit Barrikaden, richtete auf allen Plätzen, in Straßen und in Höfen Batteriestellungen ein, baute Tausende von Maschinengewehrnestern aus und forderte die gesamte Bevölkerung zur Teilnahme am Kampf auf. Ich habe, einfach aus Mitleid mit Frauen und Kindern, den Machthabern in Warschau angeboten, wenigstens die Zivilbevölkerung ausziehen zu lassen. Ich ließ Waffenruhe eintreten, sicherte die notwendigen Ausmarschwege, und wir alle warteten genau so vergebens auf einen Parlamentär wie Ende August auf einen polnischen Unterhändler. Der stolze polnische Stadtkommandant würdigte uns nicht einmal einer Antwort. Ich habe die Fristen für alle Fälle verlängern lassen, Bomber und schwere Artillerie angewiesen, nur einwandfrei militärische Objekte anzugreifen, und meine Aufforderung wiederholt: es blieb wieder vergeblich. Ich habe daraufhin angeboten, einen ganzen Stadtteil, Praga, überhaupt nicht zu beschießen, sondern für die zivile Bevölkerung zu reservieren, um dieser die Möglichkeit zu geben, sich dorthin zurückzuziehen. Auch dieser Vorschlag wurde mit polnischer Verachtung bestraft. Ich habe mich zweimal bemüht, dann wenigstens die internationalen Kolonien aus der Stadt zu entfernen. Dies gelang endlich mit vielen Schwierigkeiten, bei der russischen erst in letzter Minute.

Ich habe nun für den 25. September den Beginn des Angriffs befohlen. Dieselbe Verteidigung, die es erst unter ihrer Würde fand, auf die menschlichen Vorschläge auch nur einzugehen, hat dann allerdings äußerst schnell ihre

Haltung geändert. Am 25. begann der deutsche Angriff, und am 27. hat sie kapituliert! ...

... Die wichtigste Voraussetzung aber für ein wirkliches Aufblühen der europäischen und auch außereuropäischen Wirtschaft ist die Herstellung eines unbedingt garantierten Friedens und eines Gefühls der Sicherheit der einzelnen Völker. Diese Sicherheit wird nicht nur ermöglicht durch die endgültige Sanktionierung des europäischen Status, sondern vor allem durch das Zurückführen der Rüstungen auf ein vernünftiges und wirtschaftlich tragbares Ausmaß. Zu diesem notwendigen Gefühl der Sicherheit gehört vor allem aber eine Klärung der Anwendbarkeit und des Verwendungsbereichs gewisser moderner Waffen, die in ihrer Wirkung geeignet sind, jederzeit in das Herz eines jeden Volkes vorzustoßen, und die damit ein dauerndes Gefühl der Unsicherheit zurücklassen werden. Ich habe schon in meinen früheren Reichstagsreden in dieser Richtung Vorschläge gemacht. Sie sind damals — wohl schon, weil sie von mir ausgingen — der Ablehnung verfallen. Ich glaube aber, daß das Gefühl einer nationalen Sicherheit in Europa erst dann einkehren wird, wenn auf diesem Gebiet durch klare internationale und gültige Verpflichtungen eine umfassende Fixierung des Begriffs erlaubter und unerlaubter Waffenanwendung stattfindet.

So, wie die Genfer Konvention einst es fertigbrachte, wenigstens bei den zivilisierten Staaten die Tötung Verwundeter, die Mißhandlung Gefangener, den Kampf gegen Nichtkriegsteilnehmer usw. zu verbieten, und so, wie es gelang, diesem Verbot im Laufe der Zeit zu einer allgemeinen Respektierung zu verhelfen, so muß es gelingen, den Einsatz der Luftwaffe, die Anwendung von Gas usw., des U-Bootes, aber auch die Begriffe der Konterbande so festzulegen, daß der Krieg des furchtbaren Charakters eines Kampfes gegen Frauen und Kinder und überhaupt gegen Nichtkriegsteilnehmer entkleidet wird. Die Perhorreszierung bestimmter Verfahren wird von selbst zur Beseitigung der dann überflüssig gewordenen Waffen führen. Ich habe mich bemüht, schon in diesem Kriege mit Polen die Luftwaffe nur auf sogenannte militärisch wichtige Objekte anzuwenden bzw. nur dann in Erscheinung treten zu lassen, wenn ein aktiver Widerstand an einer Stelle geleistet wurde.

Es muß aber möglich sein, in Anlehnung an das Rote Kreuz eine grundsätzliche, allgemein gültige internationale Regelung zu finden. Nur unter solchen Voraussetzungen wird besonders in unserem dicht besiedelten Kontinent ein Friede einkehren können, der dann, befreit von Mißtrauen und von Angst, die Voraussetzung für eine wirkliche Blüte auch des wirtschaftlichen Lebens geben kann. Ich glaube, es gibt keinen verantwortlichen europäischen Staatsmann, der nicht im tiefsten Grunde seines Herzens die Blüte seines Volkes wünscht. Eine Realisierung dieses Wunsches ist aber nur denkbar im Rahmen einer allgemeinen Zusammenarbeit der Nationen dieses Kontinents. Diese Zusammenarbeit sicherzustellen, kann daher nur das Ziel jedes einzelnen wirklich um die Zukunft auch seines eigenen Volkes ringenden Mannes sein.

Um dieses große Ziel zu erreichen, werden doch einmal die großen Nationen in diesem Kontinent zusammentreten müssen, um in einer umfassenden Regelung ein Statut auszuarbeiten, anzunehmen und zu garantieren, das ihnen allen das Gefühl der Sicherheit, der Ruhe und damit des Friedens gibt. Es ist unmöglich, daß eine solche Konferenz zusammentritt ohne die gründlichste

Vorarbeit, d. h. ohne die Klärung der einzelnen Punkte und vor allem ohne eine vorbereitende Arbeit. Es ist aber ebenso unmöglich, daß eine solche Konferenz, die das Schicksal gerade dieses Kontinents auf Jahrzehnte hinaus bestimmen soll, tätig ist unter dem Dröhnen der Kanonen oder auch nur unter dem Druck mobilisierter Armeen. Wenn aber früher oder später diese Probleme doch gelöst werden müssen, dann wäre es vernünftiger, an diese Lösung heranzugehen, ehe noch erst Millionen an Menschen zwecklos verbluten und Milliarden an Werten zerstört sind.

Die Aufrechterhaltung des jetzigen Zustandes im Westen ist undenkbar. Jeder Tag wird steigende Opfer fordern. Einmal wird dann vielleicht Frankreich zum erstenmal Saarbrücken beschießen und demolieren. Die deutsche Artillerie wird ihrerseits als Rache Mülhausen zertrümmern. Frankreich wird dann selbst wieder als Rache Karlsruhe unter das Feuer der Kanonen nehmen und Deutschland wieder Straßburg. Dann wird die französische Artillerie nach Freiburg schießen und die deutsche nach Kolmar oder Schlettstadt. Man wird dann weiterreichende Geschütze aufstellen, und nach beiden Seiten wird die Zerstörung immer tiefer um sich greifen, und was endlich von den Ferngeschützen nicht mehr zu erreichen ist, werden die Flieger vernichten. Und es wird sehr interessant sein für einen gewissen internationalen Journalismus und sehr nützlich für die Fabrikanten der Flugzeuge, der Waffen, der Munition usw., aber grauenhaft für die Opfer . . .

Nr. 60

Niederschrift über die Sitzung des Obersten Rates in London, 17. November 1939

(Auszug)*)

An der Sitzung nahmen teil:

für Frankreich:

Daladier,
Corbin,
General Gamelin,
Admiral Darlan,
General Vuillemin,
General Koeltz,
Admiral Odend'hal,
General Lelong,
de Charbonnière;

für England:

Chamberlain,
Lord Halifax,
Lord Chatfield,
Sir Kingsley Wood,
Sir Horace Wilson,
Sir Alexander Cadogan,
Sir Edward Bridges,
Luftmarschall Sir Cyril Newall,
General Ismay,
F. Roberts.

17. November 1939

Der Premierminister wünscht, dem Französischen Ministerpräsidenten herzlich für die von ihm unternommene lange und schwierige Reise zu danken. Er bedauert, daß er Herrn Daladier habe bitten müssen, nach London zu kommen, da es ihm augenblicklich wegen seines Gichtanfalls unmöglich war zu reisen. Er tröstet sich mit dem Gedanken, daß dieses Leiden eines derjenigen ist, an denen alle guten Premierminister Englands leiden.

Der Ministerpräsident antwortet, daß er stets sehr erfreut ist, sich nach London zu begeben, daß seine Freude dieses Mal jedoch durch den Gedanken an die Krankheit des Premierministers getrübt wird, die jedoch leichter zu ertragen sein muß, da sie bei den britischen Premierministern gewissermaßen traditionell ist.

*) Von diesem umfangreichen Schriftstück sind nur die auf den britischen Plan der Bombardierung des Ruhrgebiets unmittelbar bezüglichen Ausführungen wiedergegeben. Die weggelassenen Stellen beziehen sich auf die militärischen Voraussetzungen, unter denen der Plan durchgeführt werden soll, sowie Fragen des Orients und der Behandlung der polnischen Exilregierung.

Chamberlain hofft. daß es ihm bald möglich sein wird, sich nach Frankreich zu begeben. Inzwischen ist eine Frage von großer Bedeutung aufgetaucht, der die jüngsten Ereignisse einen besonders dringenden Charakter gegeben hat. Es sind darüber zwischen dem Französischen und Britischen Generalstab Meinungsverschiedenheiten aufgetaucht, und es schien notwendig, eine Sondersitzung des Obersten Rates zur Lösung der Schwierigkeiten einzuberufen.

Der Premierminister wird versuchen, von seinem Standpunkt aus eine kurze Darstellung dieser Frage zu geben.

Es handelt sich um die Feststellung des wirksamsten Gebrauchs, den man von einem Teil der britischen Luftwaffe unter gewissen Umständen machen soll. . . .

. . . In folgendem Punkt bestehen Meinungsverschiedenheiten: welche Rolle sollen die britischen Langstreckenbomber spielen? Es scheint nicht angebracht zu sein, sie zu der gleichen Aufgabe zu benutzen, die der Luftwaffe mit geringer Reichweite erteilt ist. Beide Oberkommandos stimmen überein, daß diese beiden Flugzeugtypen für verschiedene Zwecke gebaut wurden, und daß jede von ihnen dafür Besonderheiten aufweist.

Der Britische Luftwaffengeneralstab hat für die Verwendung seiner Langstreckenbomber einen Plan zur Zerstörung des Ruhrgebietes ausgearbeitet . . .

. . . Wie ist die Britische Regierung zu dem Gedanken der Bombardierung des Ruhrgebietes gekommen?

Im wesentlichen, weil sich auf einem beschränkten Gebiet Ziele von beträchtlicher Bedeutung zusammengedrängt finden. Man kann schätzen, daß das Ruhrgebiet 60 % der deutschen Industrie umfaßt. Es besitzt „Schlüsselindustrien“, die Rohstoffe für die gesamte deutsche Industrie liefern. Es ist nicht zweifelhaft, daß eine völlige Zerstörung dieses Industriegebietes in der Praxis die gesamte deutsche Kriegsindustrie und, man kann sagen, das gesamte deutsche Leben lähmen würde.

Außerdem liegt im Ruhrgebiet ein äußerst dichtes Eisenbahnnetz. Fünf der zehn Haupteisenbahnlinien Deutschlands führen durch dieses Gebiet. Es enthält besonders für Deutschland lebensnotwendige Verteilungsbahnhöfe und Eisenbahnknotenpunkte. Das gilt z. B. für Hamm. Der Premierminister weist auf die Tatsache hin, daß alle diese Punkte von größter Bedeutung sich in einem Gebiet von geringer Ausdehnung vereinigt finden.

Ist es möglich, das Ruhrgebiet zu zerstören?

Die britische Luftwaffe hat im Laufe der letzten Wochen eine vollständige Aufklärung über das Gebiet durchgeführt. Sie hat, zum größten Teil aus niedrigen Höhen, zahllose photographische Aufnahmen gemacht. Sie besitzt jetzt eine ganz vollkommene Karte des Gebiets mit allen kleinsten Einzelheiten. Die kleinste Fabrik, das kleinste Elektrizitätswerk, der kleinste Hochofen, der kleinste Kanal sind an der Stelle eingezeichnet, an der sie sich tatsächlich befinden. Und noch mehr. Die technischen Abteilungen haben aus Gips ein Reliefmodell der ganzen Gegend hergestellt, wie sie sich aus der Luft darstellt. Dieses Modell ist so hergestellt und bemalt worden, daß es genau den Eindruck bietet, den das Gebiet bei den darüber fliegenden Flugzeugführern hinterläßt.

Ein Korps außerordentlich tapferer Flieger ist besonders für diese Bombardierung ausgebildet worden. Schon jetzt weiß jeder, mit der Erreichung welchen Ziels er beauftragt werden wird und wie er es erkennen kann.

Nach dem Plan würden die schweren Bombenflugzeuge Belgien in sehr niedriger Höhe überfliegen und mit höchster Geschwindigkeit fast in Höhe der Schornsteine über das Ruhrgebiet hinwegfliegen. Sie würden in kleine Gruppen geteilt werden, von denen jede Maschine sich ausdrücklich auf das ihr bezeichnete Ziel bewegen und das zu erreichen sie sich bemühen würde. Dieses Fliegen in niedriger Höhe hat den Zweck, dem Beschuß der schweren und mittleren Flakbatterien und den Jagdfliegern zu entgehen, die so niedrig nicht zweckmäßig manövrieren können. Die einzigen verwendbaren Abwehrmittel wären die Maschinengewehre oder leichten Flakgeschütze.

Der Entwurf sieht nicht vor, daß der Angriff auf einen Schlag und an einem einzigen Tage durchgeführt werden soll. Er müßte im Gegenteil, Woche auf Woche während eines langen Zeitraums fortgesetzt werden, zwei oder vielleicht drei Monate lang. In diesem Zeitraum würde man ständige Einflüge unternehmen, indem aufeinanderfolgende Flugzeugwellen ausgesandt würden. Jeden Tag würde man sich um die Vervollständigung der bereits durchgeführten Zerstörungen bemühen. Die Einflüge fänden in der Nacht wie am Tage statt. Die Bevölkerung des Ruhrgebiets würde keinen Augenblick Ruhe haben. In dieser ständigen Aufeinanderfolge von Alarmen hätte sie keine Möglichkeit zum Schlafen oder zum Arbeiten. Ebensowenig wäre es möglich, zur Ausbesserung der Zerstörungen zu schreiten.

Es handelt sich also im ganzen nicht um eine Improvisation, sondern um einen mit größter Sorgfalt aufgestellten Plan, dessen Einzelheiten alle besonders geprüft wurden. Nach Ansicht der britischen Militärsachverständigen würde das in Aussicht genommene Unternehmen dem Feind weit größeren Schaden verursachen als irgendein anderer Plan. Das Britische Oberkommando hat selbstverständlich andere Möglichkeiten geprüft, z. B. die systematische Bombardierung der Benzinlager, der Flugplätze usw. Es ist jedoch zu der Schlußfolgerung gelangt, daß das bei weitem wirksamste Unternehmen die Bombardierung des Ruhrgebiets sein würde. . . .

. . . Chamberlain besteht darauf, daß das Unternehmen, um wirksam zu sein, notwendigerweise ohne den geringsten Zeitverlust beschlossen werden müßte. Man darf keine Minute mit Diskussionen verlieren.

Der Premierminister weist darauf hin, daß er den Plan im einzelnen dargestellt habe, und daß seine Zuhörer den Eindruck haben könnten, er persönlich sei dafür begeistert. Tatsächlich ist er überzeugt, daß es sich um einen sehr geschickt vorbereiteten Plan handelt, dessen Gelingen ihm möglich erscheint. Aber zu gleicher Zeit schaudert er vor dem Gedanken, den notwendigen Befehl geben zu müssen, und er hofft, daß dazu niemals eine Notwendigkeit vorliegen wird.

So gut ausgebildet und so geschickt die englischen Flieger auch seien, so gut und schnell auch ihre Maschinen, so kann man doch nicht übersehen, daß die Verluste sehr schwer sein würden. Man kann sie selbstverständlich im voraus nicht berechnen, aber nach Ansicht der Sachverständigen würden sie ein Fünftel bis zur Hälfte der eingesetzten Maschinen und Besatzungen betragen. Das ist eine für den Premierminister um so weniger mit leichtem Herzen in

Betracht zu ziehende Aussicht, als es sich bei den geopferten Besatzungen um die Besten der britischen Luftwaffe handeln würde, um die wahre „Blüte" der Royal Air Force, die wahrscheinlich sehr schwer zu ersetzen sein würde.

Falls es sich nach den ersten Tagen zeigen sollte, daß das Unternehmen nicht gelingt, daß man die festgesetzten Ziele nicht erreichen kann, und daß die Verluste schwerer sind, als man voraussah, würde es jedenfalls nicht möglich sein, damit fortzufahren. Einer der Gründe jedoch, deretwegen Chamberlain das Unternehmen nur ungern auslösen würde, ist, daß dadurch die Angriffe gegen offene Städte begonnen würden. Selbstverständlich handelt es sich im wesentlichen darum, militärische Ziele zu zerstören; diese liegen aber so, daß es unmöglich ist, sie ohne Heimsuchung von Zivilpersonen zu treffen. So würde eines zum anderen kommen, bis es fast unvermeidbar wäre, einen Krieg ohne Einschränkungen zu führen. Wenn man alle anderen Betrachtungen, z. B. die moralischen, beiseite läßt, so ist es sicher, daß Frankreich und Großbritannien gegen Luftangriffe nicht so gut geschützt sind, wie sie es wünschen könnten. Die Fabriken und die Industriezentren der Alliierten sind verletzbar und es ist nicht zweifelhaft, daß die Deutschen sofort Repressalien ergreifen würden. Der Premierminister möchte sie vermeiden. Die Wirkung der als Repressalie durchgeführten Bombardierungen durch Deutschland würden auf die Flugzeug-, die Munitionsherstellung usw. sicher bedeutend sein. Wenn die Deutschen selbst beginnen würden, gewisse britische Industriezentren auf dem Luftwege anzugreifen, so brauchte man nicht im geringsten zu zögern, mit den gleichen Mitteln zu antworten; es ist aber etwas anderes, selbst diese Art von Krieg auszulösen.

Es wäre offensichtlich unmöglich, den Verlust menschlichen Lebens unter der Zivilbevölkerung zu vermeiden, so niedrig die Flugzeuge auch flögen und so genau sie ihren Bombenwurf durchführten. Dies würde von der deutschen Propaganda aufs äußerste ausgenutzt werden, obgleich die Deutschen selbst schon Schlimmeres verübt hätten. Trotzdem bleibt der Premierminister von dem Gedanken beunruhigt, welche Wirkung auf die neutralen Länder und besonders auf die Vereinigten Staaten eine deutsche Propaganda haben könnte, die die Alliierten als die Ersten herausstellt, die mit der Bombardierung der Zivilbevölkerung begonnen haben. Chamberlain ist also sicher nicht bereit, leichtfertig an ein Unternehmen zu gehen, das außer seinen Auswirkungen auf rein militärischem Gebiet auch bedeutende Folgen vom politischen Gesichtspunkt aus haben würde. . . .

. . . Unter diesen Bedingungen wünscht er den französischen Vertretern folgende Frage vorzulegen: Sind Sie bereit, uns zu sagen, daß Sie es unserem Belieben überlassen, den Befehl zur Bombardierung des Ruhrgebiets in dem Fall zu geben, in dem wir die Lage für ernsthaft genug zur Rechtfertigung eines solchen Beschlusses halten? . . .

. . . D a l a d i e r stimmt der außerordentlichen Bedeutung des Industriegebietes der Ruhr zu. Wenn Deutschland dessen beraubt werden könnte, würde dies sicher ein äußerst furchtbarer Schlag sein. Es müßte vielleicht tatsächlich auf die Fortführung des Krieges verzichten und einen Vergleich suchen. Vielleicht würde dies auch zu einer Volksbewegung führen, die die Hitlerregierung bedroht. Vom militärischen, wirtschaftlichen und politischen Standpunkt zusammen gesehen, würde die Zerstörung des Ruhrgebiets ein Hauptereignis in der Kriegführung bilden.

Der Ministerpräsident hat jedoch sehr schwerwiegende Bedenken.

Er will den moralischen Standpunkt nicht in Betracht ziehen, obgleich er seinen ganzen Wert ermißt. Es ist zweifellos unmöglich, Fabriken zu bombardieren, ohne Arbeiter oder selbst Arbeiterinnen, oder anders ausgedrückt Zivilpersonen, Greise, Frauen und Kinder zu treffen. Daladier gibt sich vollkommen Rechnung von dem Nutzen, den die deutsche Propaganda aus einem solchen Ereignis zu ziehen nicht verfehlen würde. . . .

. . . Er wird ausschließlich vom militärischen Standpunkt aus urteilen. Er ist sicher, daß der ihm dargestellte Plan sehr sorgfältig aufgestellt wurde, und daß er einen sehr ernsthaften Entwurf darstellt. Bei dieser Gelegenheit wünscht er, dem Mut und den Fähigkeiten der englischen Flieger zu huldigen, die das ganze Ruhrgebiet photographieren und die Unterlagen beschaffen konnten, die die Herstellung des Modells, das Chamberlain soeben erwähnt hat, ermöglichten. Das ist eine schöne Leistung, die die britischen Flugzeuge und Besatzungen ehrt.

Daladier hat die eingehende und vollständige Darstellung des Premierministers mit größter Aufmerksamkeit angehört. Er ist sich vollkommen klar darüber, daß die englischen Flieger, wenn sie den Befehl zur Bombardierung des Ruhrgebiets erhalten, sofort aufbrechen, sich nach den ihnen befohlenen Zielen begeben, so niedrig fliegen, daß sie sich fast in der Höhe der Schornsteine befinden usw.... Darüber hat er nicht den geringsten Zweifel. Er möchte jedoch zwei bündige Fragen stellen: wieviel Langstreckenbomber besitzt die britische Luftwaffe augenblicklich? Wieviel besitzt Deutschland seinerseits. Denn der Ministerpräsident befürchtet, daß die englischen Flieger trotz allem Mut und allem Wert nicht zahlreich genug sind, um eine ziemlich vollständige Zerstörung des Ruhrgebiets durchzuführen. Er stimmt nicht damit überein, daß es möglich wäre, aufzuhören und die Sache auf sich beruhen zu lassen, wenn die Ergebnisse nicht ausreichend und die Verluste zu groß wären. . . .

. . . Daladier glaubt, er ist dessen sogar sicher, daß das Ruhrgebiet durch die Luftabwehr außerordentlich geschützt ist. Es ist nicht nur mit zahlreicher Artillerie mittleren und schweren Kalibers (Geschütze von 8,8 cm und darüber) ausgerüstet, sondern auch mit einem besonderen Schutz durch Maschinengewehre und auf kurze Entfernung wirkende Geschütze versehen. Von diesem Gesichtspunkt aus sind die Deutschen unleugbar weiter fortgeschritten als die Alliierten. Jede Fabrik ist für sich durch Artillerie leichten Kalibers geschützt, und diesem Schutz ist wieder der des Gesamtgebiets durch schwere Artillerie übergeordnet. Der Ministerpräsident ist überzeugt, daß der vorgesehene Luftangriff mindestens den Verlust der Hälfte der britischen Flugzeuge verursachen würde. Welcher Triumph für Deutschland und welcher Autoritätszuwachs für die Hitlerregierung in Deutschland selbst, wenn das englische Oberkommando beim Vorliegen solcher Verluste auf die Fortführung des Unternehmens verzichten müßte. Wenn die Alliierten ihre Angriffe aufgeben müßten, so wäre das anderseits noch kein Grund für die Deutschen, auf ihre Repressalien gegen Frankreich und Großbritannien zu verzichten. Das Ergebnis dieser Gegenstöße läge in der Lähmung der von beiden Ländern auf dem Gebiet der Luftwaffe und der Rüstungen zu Lande gleichzeitig unternommenen Aufrüstungsbemühungen. Was Frankreich angeht, so bemüht es sich um eine erhebliche Vermehrung seiner Bombenflugzeuge. Vor und seit Kriegsbeginn hat es eine große Anzahl Maschinen in den Vereinigten Staaten bestellt. Es entwickelt zu gleicher Zeit seine eigene Erzeugung und baut augenblicklich moderne schnelle Flugzeuge, die in jeder Weise zufriedenstellen, aber im Augenblick nicht zahlreich genug sind. Der französische Plan liegt demnach im Gewinn von möglichst viel Zeit, um Bombenflugzeuge bauen zu können, da dies augenblicklich den schwachen Punkt der französischen Militärorganisation bildet. Daladier legt dar, daß die französische Flugzeugindustrie noch nicht vollkommen dezentralisiert ist. Die Fabrikumlegungen sind im Gange, aber noch nicht alle sind durchgeführt. Besonders die Fabrik Gnome & Rhone, eine der wichtigsten für die Motorenerzeugung, befindet sich noch im Pariser Bezirk. Wenn diese Fabriken, die sich in besonders verletzbaren Bezirken befinden, bombardiert würden, würde daraus für die Luftaufrüstung Frankreichs eine Verzögerung von mehreren Monaten, vielleicht sogar von mehreren Jahren entstehen. Das gleiche gilt für alle Gebiete der Kriegsindustrie. Daladier hält es für eine schlechte Politik, ein derartiges Risiko zu übernehmen, ohne des Erfolges sicher zu sein. Wenn man mit Sicherheit die Zerstörung des Ruhrgebiets erreichen würde, könnte man sich vielleicht mit der Vernichtung zahlreicher Fabriken in Frankreich und Großbritannien abfinden. Das ist aber nicht der Fall. In Wahrheit besteht augenblicklich ein zu großes Mißverhältnis zwischen den deutschen und alliierten Bombenfliegern. Das etwaige Risiko liegt darin, daß den letzteren die Zerstörung des Ruhrgebiets nicht gelingt, daß dagegen den Deutschen die Vernichtung der Fabriken in Frankreich und Großbritannien glückt.

Darum würde der Ministerpräsident bei weitem vorziehen, den Deutschen die Initiative und die Verantwortung, als erste mit der Bombardierung der Industriegebiete begonnen zu haben, zu überlassen, so daß sie die ersten sind, die Städte und Fabriken angreifen, Frauen und Kinder treffen. Wenn sie eine solche Initiative ergreifen, würde der geringste Widerspruch gegen den Plan der Britischen Regierung sowohl schwer als ungerecht sein. Die Französische Regierung wäre nicht nur vollkommen einverstanden, sondern würde auch nach Maßgabe der Mittel der französischen Luftwaffe mit der englischen zusammen zu arbeiten versuchen. Daladier wiederholt aber, daß man augenblicklich diese Initiative den Deutschen überlassen müsse, und daß es für die Sache der Alliierten gefährlich und nachteilig wäre, eine Bombardierung des Ruhrgebietes durchzuführen. . . .

. . . In einigen Monaten wird die Lage zweifellos nicht mehr die gleiche sein. Nach den dem Ministerpräsidenten vorliegenden Angaben wird die englische Luftwaffe bis dahin eine bedeutende Entwicklung erreicht haben. Frankreich seinerseits wird sein in den Vereinigten Staaten bestelltes Material erhalten und seine eigene Erzeugung wird ihren Aufschwung erreicht haben. Die französische Luftfahrt hat z. B. die Modelle Liore und Potez fertiggestellt, die hervorragend sind, aber nocht nicht erzeugt werden. Wenn die Fabriken nicht zerstört werden, werden in einigen Wochen interessante Ergebnisse zu verzeichnen und jedenfalls in einigen Monaten eine bedeutende Anzahl von Maschinen in Dienst gestellt sein. Daladier ist einverstanden, daß man in diesem Augenblick, in dem die Alliierten den Deutschen gegenüber nicht mehr in Unterlegenheit sein werden, das von Chamberlain beschriebene Unternehmen in Betracht zieht. Demnach ist der Ministerpräsident weit davon entfernt, die

Aufgabe des Planes vorzuschlagen. Er schlägt im Gegenteil vor, daß man ihn beibehält und zu vervollkommnen trachtet. Aber in einer sofortigen Durchführung des Planes sieht Daladier mehr Nach- als Vorteile . . .

. . . Der Premierminister dankt dem Ministerpräsidenten für die von ihm gegebene Darstellung, in der er seinen Standpunkt mit der ihm eigenen Klarheit und Kraft entwickelt hat. Die von ihm vorgebrachten Argumente sind unleugbar sehr stark. Welche Meinungsverschiedenheiten aber auch zwischen Franzosen und Engländern auftauchen könnten, sie werden sich jedenfalls über diese Angelegenheit nicht streiten. Zu einem Streit liegt im übrigen nicht der geringste Anlaß vor. Chamberlain verlangt nicht, daß schon jetzt eine Entscheidung getroffen werde. . . .

. . . Daladier erklärt, daß es tatsächlich klüger sei, die Frage der Bombardierung des Ruhrgebietes aufzuschieben. Zur Vermeidung jedes Mißverständnisses wiederholt er, daß sie seiner Meinung nach nicht vorbereitet werden muß. Er versteht ihre Bedeutung vollkommen. Er hat sie keineswegs verurteilen wollen, sondern ist nur der Meinung, sie in Reserve zu behalten. . . .

Nr. 61

Notiz bei den Akten des Oberfehlshabers der Luftwaffe — Arbeitsstab LS.

(Auszug)

Zusammenstellung 5. 1. 40.

über feindliche Bombenabwürfe in der Zeit vom Kriegsbeginn bis zum 31. Dezember 1939

5. 9. 1939: 1 Sprengbombe Altendeich bei Wilhelmshaven.

29. 9. 1939: 1 Sprengbombe bei Vechta.

3. 12. 1939: 21 Sprengbomben an der Küste von Helgoland.

12. 12. 1939: 5 Sprengbomben. Bomben auf Borkum.

14. 12. 1939: 5 Sprengbomben auf Sylt.

18. 12. 1939: 7 Sprengbomben am Südrand von Borkum.
5 Sprengbomben auf Insel Juist.
5 Sprengbomben auf Insel Amrum.

20. 12. 1939: 3 Sprengbomben bei Hörnum auf Sylt.

21. 12. 1939: 4 Sprengbomben bei Rantum auf Sylt.

aufgestellt: Unterschrift.

Nr. 62

Kriegstagebuch der Luftinspektion 13 über feindliche Luftangriffe vom 12. Januar bis 26. April 1940

(Auszug)

12. Januar

Auf der Insel Sylt wurden eine Leuchtbombe und 6 Sprengbomben in der Zeit zwischen 02.00 und 03.00 Uhr geworfen. Drei Bomben fielen auf den Ostrand der Stadt Westerland in einem Kreis von 40 m, davon ein Blindgänger. Drei Bombenanschläge wurden an der Betonstraße Westerland-Rantum und in den Dünen im Abstand von 100 m festgestellt.

20. März

Von 19.00 Uhr bis 00.23 Uhr ständige Einflüge in die Deutsche Bucht über Schleswig-Holstein bis in die Gegend Kiel. Angriff auf Hörnum und Sylt, ca. 110 Spreng- und Brandbomben. Volltreffer auf Lazarett. Ein Wagen zerstört. Außerdem zwei Arbeiter durch Splitter verletzt, ein Haus in Brand gesetzt.

12. April

Sechs Einflüge von insgesamt etwa 21 Flugzeugen aus westlicher Richtung nach Holstein. . . . Um 01.15 Uhr wurden auf Heiligenhafen vier Bomben mittleren Kalibers geworfen. . . . Zwei Häuser beschädigt. . . .

24. April

Luftangriffe auf Westerland am 23./24. 4. 1940.

Der Bürgermeister Westerland als örtlicher LS-Leiter meldet auf dem Dienstwege hierzu wie folgt:

„In der Zeit vom 23. 4., 23.30 Uhr, bis zum 24. 4. 40, 2.00 Uhr, erfolgten feindliche Luftangriffe auf die Insel Sylt.

Westlich, südlich und östlich Westerland sind in näherer und weiterer Entfernung nach den bisher vorliegenden Meldungen ca. 25 Spreng- und mehrere Brandbomben abgeworfen worden. Von den Sprengbomben sind rund zwölf detoniert, die restlichen sind als Blindgänger ermittelt, die jedoch, nach den in den Morgenstunden (gegen 8.00 Uhr) erfolgten Detonationen, nicht als Blindgänger, sondern als Bomben mit Langzeitzündern anzusehen sind . . . Am Rand der Stadt Westerland sind neun Bomben abgeworfen worden, von denen bisher gegen 8.00 Uhr morgens vier detoniert sind.

Aus den zum LS-Ort I. O. Westerland gehörenden Gemeinden liegen folgende Meldungen vor:

2. Tinnum: ca. acht Bomben, geringe Schäden.
3. Rantum: Fünf Bomben.
4. Wenningstedt: Vier Bomben, drei detoniert, eine wahrscheinlich Zeitzünder, etwa 60 Fensterscheiben zertrümmert.

26. April

Die Einflüge erfolgten in unregelmäßigen Zeitabschnitten.

Bomben wurden etwa kurz nach Mitternacht südwestlich Pellworm bei Süderoog abgeworfen . . .

Nr. 63

Befehl des Chefs des Oberkommandos der Wehrmacht (Auszug)

Oberkommando der Wehrmacht

Berlin, den 25. 1. 1940

Die Kampfhandlungen der Wehrmachtteile sind durch Weisungen des Führers und Obersten Befehlshabers der Wehrmacht bestimmten Einschränkungen unterworfen. Diese sind in den Anlagen*) der besseren Uebersicht halber nochmals zusammengefaßt.

. . . . . .

Der Chef des Oberkommandos der Wehrmacht
Keitel

Anlage

Einschränkung von Kampfhandlungen für die Luftwaffe

Es sind nicht freigegeben:

A) Gegen Frankreich:

1. Ueberfliegen der Grenze mit folgenden Ausnahmen:
   a) zur Abwehr stärkerer Luftangriffe,
   b) im Falle eines französisch-englischen Einmarsches in Belgien und Luxemburg,
   c) zur Aufklärung,
   d) zum Jagdschutz und Angriff auf feuerleitende Flugzeuge und Fesselballone,
   e) zum Flugblattabwurf und zur Einweisung.
2. Luftangriffe gegen Erdziele einschl. Häfen mit folgenden Ausnahmen:
   a) Angriffshandlungen im Falle eines franz.-englischen Einmarsches in Belgien und Luxemburg,
   b) im Falle sonstiger franz.-engl. Angriffshandlungen.

B) Gegen England:

Luftangriffe gegen Erdziele im brit. Mutterland, einschl. Häfen, mit Ausnahme der Docks von Rosyth und des Minenkrieges.

---

*) Die Anlagen betreffen Einschränkungen für Heer, Kriegsmarine und Luftwaffe. Hier wird ein Auszug aus den Weisungen für die Luftwaffe abgedruckt.

Nr. 64

Führerrede vom 30. Januar 1940 im Sportpalast zu Berlin

(Auszug)

... Der Staat, dem England die Garantie gegeben hat, ist ohne Erfüllung dieser Garantie in 18 Tagen von der Landkarte weggefegt worden.

Damit ist die erste Phase dieses Kampfes beendet. Und die zweite beginnt. Herr Churchill brennt schon auf diese zweite Phase. Er läßt durch seine Mittelsmänner — und er tut es auch persönlich — die Hoffnung ausdrücken, daß nun endlich bald der Kampf mit den Bomben beginnen möge. Und sie schreiben schon, daß dieser Kampf natürlich nicht vor Frauen und Kindern haltmachen wird. — Wann hat jemals England vor Frauen und Kindern halt gemacht? Der ganze Blockadekrieg ist überhaupt nur ein Krieg gegen Frauen und gegen Kinder. Der Krieg gegen die Buren war nur ein Krieg gegen Frauen und Kinder . . .

Nr. 65

Bericht des Oberkommandos der Wehrmacht vom 17. März 1940
(Auszug)

... Auf Grund der Aufklärungsergebnisse der letzten Tage unternahmen stärkere deutsche Kampffliegerverbände in den Abendstunden des 16. März einen Vorstoß nach Nordwesten und griffen in Scapa Flow liegende Teile der britischen Flotte an.

Hierbei wurden drei Schlachtschiffe und ein Kreuzer durch Bomben getroffen und schwer beschädigt. Die Beschädigung von zwei weiteren Kriegsschiffen ist wahrscheinlich.

Außerdem wurden die Flugplätze Stromneß, Earth-House und Kirkwall sowie eine Flakstellung angegriffen und mit Bomben belegt ...

Nr. 66

Die Inspektion der Ordnungspolizei Hamburg an das Luftgaukommando XI über Fliegerangriffe am 19. März 1940

(Fernschreiben)

(LGK XI, Ia op LS Nr. 2141/40)

A-FHG Nr. 1027, 19. 3., 21.45

An L G K XI, Hamburg-BL-nese.

Ab 19.45 Uhr starke feindliche Fliegerangriffe auf Nordfriesische Inseln, insbesondere Sylt und Amrum.

Wiederholte Bombenabwürfe auf vorgenannte Inseln.

Deutsche Jäger zum Einsatz gestartet. Zwei Meldungen über je einen abgeschossenen Flieger, jedoch fraglich, ob zwei Flieger gemeint sind oder ob einer von zwei Stellen aus gemeldet ist. Angriffe noch nicht beendet.

I. d. O. Hamburg

Nr. 67

Der Landrat in Niebüll über einen Fliegerangriff am 23./24. April 1940

(Bericht auf Formular)

(LGK XI, Ia op 3 LS Nr. 1513/40 g)

Luftschutzort: Westerland / Sylt, I. Ordnung.

Angriff am 23. 4. 1940 von 23.30 Uhr bis 2.00 Uhr.

Art des Angriffs: Bombenabwurf.

Geschätzte Stärke des Feindes: 10—15 Flugzeuge (geschätzt).

Geschätzte Anzahl der abgeworfenen Bomben: *) zahlreiche.

Schädenübersicht (schätzungsweise): 6000-Voltleitung zerstört,
60 Fensterscheiben zertrümmert

Schäden durch Brandbomben: keine.

Schäden durch Brisanzbomben: 6000-Voltleitung zerstört,
60 Fensterscheiben zertrümmert.

Schäden durch Kampfstoffbomben: keine.

Verluste: . . .	tot	verletzt	vergiftet
Männer	keine		
Frauen	keine		
Kinder	keine		

Verluste von Gerät des SHD: keine

Kurze Darstellung der eingetretenen bedeutenden Schäden:

Zahlreiche Bomben im Umkreis von Westerland abgeworfen. Ortskern nicht berührt. Scheinwerfer und Erdabwehr in Tätigkeit. Der Erfolg der Abwehr ist nicht bekannt. Es wurden festgestellt auf freiem Gelände fünf Sprengbomben und mehrere Brandbomben. Zwei Sprengbomben explodierten und eine weitere heute um 7.45 Uhr. Die beiden anderen Bomben sind noch nicht explodiert. Am Ehrenfriedhof ist eine Bombe explodiert, während drei noch liegen.

Sachschäden sind bisher an keinem Hause gemeldet, jedoch ist Art und Umfang des Schadens noch nicht angegeben.

Eine 6000-Volt-Leitung von Westerland nach Kampen ist in 20 Meter Entfernung von der Einschlagstelle zerstört.

In Wenningstedt sind drei Blindgänger niedergegangen. Beim späteren Krepieren einer Bombe wurden etwa 60 Fensterscheiben zerstört. Im übrigen trat geringer Häuserschaden durch die Erschütterung ein. Zwei Bomben liegen noch. In Tinnum sind angeblich 8—9 Bomben gefallen.

Die Uebernahme der Absperrung durch die Wehrmacht ist von mir beantragt.

Niebüll, den 24. April 1940. Unterschrift des Landrates Niebüll:

I. V. Unterschrift

*) = ggfs. Beifügung eines Stadtplanausschnittes mit Einzeichnung der Einschlagstellen.

Nr. 68

Der Landrat in Heide über einen Fliegerangriff am 24. April 1940

(Bericht auf Formular)

(LGK XI, Ia op 3 Nr. 1515/40 g)

Luftschutzort: Süderholm bei Heide, LS-Ort III. Ordn.

Angriff am 24. April 1940, von 0.30 bis 1.00 Uhr

Art des Angriffs: Bombenabwurf.

Geschätzte Stärke des Feindes: nicht bekannt; es wurden nach Geräuschen mehrere Flugzeuge festgestellt.

Geschätzte Anzahl der abgeworfenen Bomben: *) 11

Schädenübersicht (schätzungsweise):

Schäden durch Brandbomben: keine.

Schäden durch Brisanzbomben: Beschädigung eines Feldweges.

Schäden durch Kampfstoffbomben: keine.

Verluste: . . .	tot	verletzt	vergiftet
Männer	keine		
Frauen	keine		
Kinder	keine		

Verluste von Gerät des SHD: keine

Kurze Darstellung der eingetretenen bedeutenden Schäden:

Abgesehen von der Beschädigung eines Feldweges ist keinerlei Sachschaden hervorgerufen; auch sind keine Personen verletzt.

Bemerkungen: Von den abgeworfenen Bomben waren zwei größeren Kalibers, deren Detonationen in der weiteren Umgebung gehört wurden. Die Sprengtrichter haben bei den größeren Bomben einen Durchmesser von ca. 1½ Meter. Die Bomben sind in einer Entfernung von ca. 200 bzw. 50 Meter von Wohnhaus entfernt eingeschlagen, ohne indessen das Wohnhaus irgendwie zu beschädigen. Auch sind keine Fensterscheiben zertrümmert worden. Die Ursachen des Abwurfs können auch nicht vermutet werden, da in der Gegend keinerlei militärische Objekte vorhanden sind.

Heide, den 24. April 1940. Unterschrift

i. V. des Landrates von Heide

*) = ggfs. Beifügung eines Stadtplanausschnittes mit Einzeichnung der Einschlagstellen.

Nr. 69

Bericht des Oberkommandos der Wehrmacht vom 25. April 1940

(Auszug)

... Bei dem bereits gemeldeten Einflug britischer Flugzeuge auf die Insel Sylt wurde der Badeort Wenningstedt mit Bomben belegt und mehrere Häuser beschädigt. Auch am Rande der kleinen Stadt Heide in Schleswig-Holstein warfen feindliche Flugzeuge in der Nacht zum 24. 4. mehrere Bomben ab, obwohl sich weder in Heide noch in seiner weiteren Umgebung irgendwelche militärischen Ziele befinden. Der Feind hat damit den Luftkrieg gegen unverteidigte Orte ohne militärische Bedeutung eröffnet ...

Nr. 70

Kriegstagebuch der Luftinspektion 13 über feindliche Luftangriffe vom 10. Mai bis 19. Juni 1940

(Auszug)

10. Mai

... Gegen 16.00 Uhr erfolgte ein Luftangriff von drei feindlichen Kampfflugzeugen gegen die Stadt und den Flugplatz Freiburg. ... Von den auf die Straße gefallenen Bomben wurden verhältnismäßig viele Menschen getroffen.

Gesamtverlust: 25 Tote, 24 Schwerverletzte. Neben erheblichem Häuser- und Straßenschaden drei Pferde und ein Pkw.

Es wurden 18 Einschläge von Sprengbomben festgestellt.

Anlage zum Bericht über Fliegerangriff auf Freiburg

Am 10. 5. 1940 um 16.00 Uhr wurde Freiburg von drei feindlichen Flugzeugen angegriffen. Die Flugzeuge warfen insgesamt 41 Bomben, von denen bis jetzt zwölf Blindgänger festgestellt wurden. Die Verluste an Menschenleben betrugen 25 Tote und 109 Verletzte, von denen bis jetzt 25 gestorben sind. Vier Pferde wurden getötet, zehn Häuser schwer und leicht beschädigt. Eine größere Zahl von Häusern ist durch Splitter erheblich beschädigt, ferner ist eine sehr große Zahl von Fensterscheiben zerstört worden. ... Ein Personenkraftwagen wurde getroffen und brannte aus.

......

12. Mai

In der Nacht vom 11./12. 5. 1940 fanden etwa 25 feindliche Einflüge aus dem niederländisch-belgischen Raum zwischen Nymwegen und Malmedy mit Eindringtiefe bis in die Gegend Münster und Oberwesel statt.

Bombenangriffe erfolgten an 15 verschiedenen Stellen, und zwar in Aachen-Süd, Linnich, München-Gladbach, nordwestlich Düsseldorf, bei Viersen, Straden, Kaldenkirchen, westlich Erkelenz, Ost-Heinsberg, bei Ahrweiler, Stoppenberg, Krefeld, nördlich Schleiden, Mors-Arnsberg.

Mehrere Tote und Verletzte unter der Zivilbevölkerung.

13. Mai

In der Nacht vom 12./13. 5. 1940 flog der Feind mit ein bis zwei Flugzeugen aus westlicher Richtung in die Deutsche Bucht ein. — Außerdem wurden in der Nacht von feindlichen Kampfflugzeugen nichtmilitärische Ziele bei Duisburg, Kaldenkirchen, Köln, Troisdorf, Zülpich, Schleiden, im Gebiet der Eifel und bei Saarburg angegriffen.

Mehrere Tote und Verletzte in der Zivilbevölkerung.

Die Luftangriffe machen sowohl in der Anlage als auch in der Durchführung wiederum den Eindruck der Planlosigkeit.

14. Mai

In der Nacht vom 13./14. 5. 1940 sieben Einflüge von Westen in die Deutsche Bucht und über das deutsche Küstengebiet mit Schwergewicht über Schleswig-Holstein und Süddänemark.

Außerdem etwa sieben Einflüge in das Gebiet von Köln und Düsseldorf sowie zwei Einflüge bis zur Schnee-Eifel. Bombenabwürfe bei Düsseldorf und Ratingen.

15. Mai

In der Nacht vom 14./15. 5. 1940 drei Feindflüge von Westen in die Deutsche Bucht und über die Ostfriesischen Inseln.

Außerdem 10—15 Einflüge aus niederländisch-belgischem Gebiet. Bombenabwurf bei Duisburg, München-Gladbach, Erp, Krefeld, Waldniel, Holzweiler bei Erkelenz, Butzheim, Zülpich, Euskirchen, Düren, Ohligs. Bei Hinsbeck und Lobberich wurde eine braune Flüssigkeit abgesprüht, die Kratzen im Halse und Schwindelgefühl verursachte.

Nur zwei der vorstehenden Angriffe wurden gegen militärische Ziele, die übrigen gegen nichtmilitärische, darunter mehrere Großstädte, durchgeführt. Die Abwürfe machten den Eindruck der Planlosigkeit.

16. Mai

Aus niederländisch-belgischem Gebiet fanden insgesamt 23 Feindeinflüge in den Raum Emmerich—Bochum—Schnee-Eifel statt.

Insgesamt wurden etwa 200 Bomben an etwa 50 verschiedenen Orten abgeworfen. Bisher wurden insgesamt fünf Tote und 16 Verletzte unter der Zivilbevölkerung gemeldet. Im übrigen waren dic Abwürfe wie in der vorhergehenden Nacht planlos und richteten sich nicht gegen militärische Ziele.

17. Mai

Am Nachmittag des 16. 5. 1940 fanden im Raum Enschede/Osnabrück bis Schnee-Eifel zwei und in der Nacht vom 16./17. 5. vierzehn Einflüge feindlicher Flugzeuge aus dem niederländisch-belgischen Raum statt.

Bombenabwurf bei Haldern, Goch, Dorsten, Olfen, Kamen, Oberhausen, Hattingen, Remscheid, Rheydt, Erkelenz, westlich Köln und südlich Aachen. Insgesamt wurden etwa 50 Bomben geworfen, die nur geringen Schaden anrichteten. Sechs Tote und 34 Verletzte.

18. Mai

In der Nacht vom 17./18. 5. 1940 griffen britische Verbände (etwa 40 bis 50 Flugzeuge) an verschiedenen Stellen im norddeutschen Küstengebiet mit Schwerpunkt über Hamburg an.

Der Luftangriff gegen Hamburg/Harburg wurde in rollendem Einsatz durchgeführt. — Es wurden etwa 50 Sprengbomben und mehrere 100 Brandbomben geworfen. Insgesamt bisher festgestellt: 17 Spreng-, 18 Brandschäden, 29 Tote, 44 Verletzte.

Ferner wurden Uetersen, Buchholz, Vegesack und Wilhelmshaven sowie Rendsburg angegriffen. — Die Angriffe wurden verschiedentlich durch Abwurf von Leuchtbomben eingeleitet.

Außerdem erfolgten etwa zehn Einflüge mit Eindringtiefe bis in die Gegend Coesfeld — Dortmund — Remscheid — Grevenbroich. Bombenabwürfe bei Essen, Gladbeck, Rheinhausen, Krefeld, Wesel, Duisburg, Düsseldorf und einigen kleineren Orten. Schäden gering.

......

18. Juni

Zwischen Mitternacht und 06.30 erfolgten aus der Deutschen Bucht zwölf Feindeinflüge bis zur Linie Laaland-Belt, Güstrow, Gardelegen, Eilsleben. Ein Teil der Flugzeuge kreiste vor Sylt, über dem Laaland-Belt und über der Lübecker Bucht, ein Teil richtete durch Bombenabwurf z. T. erheblichen Schaden an nichtmilitärischen Zielen an. Insgesamt wurden etwa 60 Bomben abgeworfen, es gab einige Verwundete und Tote.

Zwischen Mitternacht und 03.00 Uhr erfolgten 33 Feindeinflüge aus dem niederländisch-belgischen Raum mit einer Eindringtiefe bis Herford, Hamm, Werdehl, nördlich Frankfurt/M., Neckargemünd.

Der Angriffsschwerpunkt lag über dem Ruhrgebiet. Sachschaden wurde im allgemeinen nur an nichtmilitärischen Zielen angerichtet, es gab mehrere Tote und Verletzte.

19. Juni

Fliegeralarm in der Zeit von 0.48—2.40, Durchschnittsdauer etwa ¾ Stunden. Links des Mittelrheins im Raum Frankfurt/M., Darmstadt, Heidelberg, Speyer, Frankenthal sowie um Trier Bombenangriffe. Bisher gemeldet Frankfurt/M. ein Krankenhaus, in Sachsenhausen Dachstuhl zerstört. — Isenburg ein Haus zerstört, zwei Tote.

Nr. 71

Berichte des Oberkommandos der Wehrmacht vom 11. Mai bis 5. Juli 1940

(Auszug)

11. Mai . . . Der Feind griff, wie schon gemeldet, am 10. Mai die Stadt Freiburg mit Bomben an und warf in der Nacht vom 10. zum 11. Mai Brand- und Splitterbomben auf drei Orte im Ruhrgebiet, wobei zwei Zivilpersonen getötet, mehrere verletzt und geringer Sachschaden verursacht wurde. Drei feindliche Flugzeuge wurden durch Flak abgeschossen . . .

12. Mai . . . In der Nacht vom 11./12. Mai flogen einzelne Flugzeuge in Westdeutschland ein und griffen wiederum eine Reihe nichtmilitärischer Ziele ohne besondere Wirkung an . . .

16. Mai . . . Auch in der letzten Nacht unternahmen feindliche Flugzeuge Einflüge nach Westdeutschland. Sie warfen dabei planlos eine Anzahl Bomben, die unbeträchtlichen Sachschaden anrichteten und eine Anzahl von Zivilpersonen töteten und verletzten. Militärische Objekte wurden weder angegriffen noch getroffen . . .

19. Mai . . . Feindliche Flugzeuge griffen wiederum verschiedene Städte im norddeutschen Küstengebiet und in Westdeutschland mit Bomben an. Militärische Ziele wurden nicht getroffen . . .

20. Mai . . . In der Nacht vom 19./20. Mai wiederholten britische Flugzeuge ihren planlosen Bombenwurf in Westdeutschland, wobei eine Reihe von Zivilpersonen getötet und verletzt wurde. Das einzige militärische Ziel, das getroffen wurde, ist ein Kriegsgefangenenlager. Eine Anzahl von Kriegsgefangenen wurde getötet . . .

22. Mai . . . In der Nacht zum 22. Mai warfen feindliche Flugzeuge über Westdeutschland planlos Bomben, die meist auf freies Gelände fielen. Militärische Anlagen sind nicht getroffen. Zwei feindliche Flugzeuge wurden durch Flak abgeschossen . . .

23. Mai . . . Auch in der letzten Nacht setzte der Gegner seine planlosen Luftangriffe gegen nichtmilitärische Ziele fort. In den Niederlanden wurden die Orte Nymwegen und Waalwyk von britischen Flugzeugen angegriffen und dabei mehrere Zivilpersonen getötet . . .

24. Mai . . . Auch in der Nacht zum 24. Mai flog der Gegner nach West- und Südwestdeutschland ein und wiederholte seine planlosen Bombenabwürfe auf nichtmilitärische Ziele . . .

27. Mai . . . Der Feind setzte in der Nacht zum 27. Mai seine planlosen Luftangriffe gegen nichtmilitärische Ziele in Westdeutschland fort, ohne hierbei größeren Schaden anzurichten . . .

31. Mai . . . In der Nacht zum 31. Mai griffen wiederum britische Flugzeuge in Norddeutschland nichtmilitärische Ziele an. Wesentlicher Schaden ist nirgends angerichtet worden. In Südholstein wurde ein feindliches Flugzeug durch Nachtjäger abgeschossen . . .

3. Juni . . . In der Nacht zum 3. Juni setzte der Feind seine Luftangriffe gegen nichtmilitärische Ziele in West- und Südwestdeutschland fort, ohne nennenswerten Schaden anzurichten . . .

4. Juni . . . In der Nacht vom 3./4. Juni hat der Gegner seine Einflüge und Bombenangriffe in Holland, West- und Südwestdeutschland fortgesetzt. Die Erfolge waren ebenso gering wie bisher. Dabei gelang es bei Rotterdam und in Westdeutschland, je ein Flugzeug durch Flakartillerie, zwei weitere feindliche Flugzeuge durch Nachtjäger abzuschießen . . .

6. Juni . . . Der Feind wiederholte seine Luftangriffe gegen nichtmilitärische Ziele in der Nacht zum 6. Juni in Nord- und Westdeutschland. Wesentlicher Schaden ist nicht angerichtet worden. Drei feindliche Flugzeuge wurden hierbei abgeschossen, davon zwei über Hamburg durch Nachtjäger, ein drittes in den Niederlanden durch Flak . . .

9. Juni . . . Der Feind wiederholte auch in der Nacht zum 9. Juni seine Einflüge in das westdeutsche Gebiet. Militärischer Schaden wurde nicht angerichtet . . .

10. Juni . . . Feindliche Flugzeuge flogen wiederum während der Nacht in Nord- und Westdeutschland ein und verursachten durch planlose Bombenabwürfe an einzelnen Stellen Flur- und Gebäudeschaden. Ein feindliches Flugzeug wurde durch Flak abgeschossen . . .

11. Juni . . . Feindliche Flugzeuge warfen wieder im Schutz der Dunkelheit einzelne Bomben über Nord- und Westdeutschland ab. Wesentlicher Sachschaden ist nicht entstanden . . .

12. Juni . . . Bei den in der Nacht zum 12. Juni vereinzelten Bombenwürfen feindlicher Flugzeuge in Westdeutschland wurden Brandbomben in das Innere einer Stadt geworfen . . .

13. Juni . . . Vereinzelte Bombenwürfe des Feindes in Norddeutschland trafen keine militärischen Ziele . . .

15. Juni . . . Während der Nacht zum 15. Juni unternahm der Gegner die üblichen Einflüge nach West- und Südwestdeutschland und warf dabei wiederum planlos, und ohne militärische Ziele zu treffen, Bomben ab . . .

18. Juni . . . In der Nacht zum 18. Juni nahmen englische Flugzeuge ihre Angriffe gegen nichtmilitärische Ziele in Nord- und Westdeutschland wieder auf . . .

19. Juni. . . . Britische Flugzeuge flogen auch in der Nacht zum 19. Juni in Nord- und Westdeutschland ein, um wie bisher ihre Bomben über nichtmilitärischen Zielen abzustreuen. Dabei sind etwa achtzehn Tote unter der Polizei und der Zivilbevölkerung zu beklagen, darunter eine Anzahl Personen, die sich nicht in die Luftschutzkeller begeben hatten . . .

5. Juli . . . Britische Flugzeuge unternahmen am 4. Juli wieder im Schutz tiefliegender Wolken mehrere Einflüge in Holland, Belgien und Nordwestdeutschland. Auch in der Nacht zum 5. Juli überflogen sie den nord- und westdeutschen Raum. Militärisch wichtige Ziele wurden nicht angegriffen, dagegen wurden Wohnhäuser, Bauernhöfe usw. durch Bombenwürfe beschädigt oder in Brand gesetzt und dabei mehrere Zivilpersonen getötet.

Nr. 72

Von der Kriegsgeschichtlichen Abteilung der Hauptabwicklungsstelle der niederländischen Wehrmacht gefertigte Uebersicht über den Verlauf des Krieges auf niederländischem Grundgebiet*)

(Auszug)

S. 32

10. Beschlüsse des Oberbefehlshabers am 11. Mai 1940 und allgemeiner Eindruck am Ende dieses Tages

Der Tag kennzeichnete sich durch zahllose falsche Berichte über Landungen von Fallschirmtruppen und Flugzeugen und durch Unruhe im Lande, wodurch die Truppen in großen Städten sehr nervös wurden und zahllose Schießereien entstanden. Dies und jenes wirkte auf die schon ermüdeten Truppen, während von den kleinen Stäben das Aeußerste verlangt wurde.

Der O.L.Z.**) beschloß im Laufe des Tages, dem C.V.**) Befehl zu geben, noch zwei Bataillone und eine Batterie nach Rotterdam zu schicken, da in der Stadt nur schwache Truppen sich befanden und weil am 10. Mai nicht weniger als 240 Flugzeuglandungen in Waalhaven gezählt wurden, so daß mit dem Vorhandensein von 5000 Mann deutscher Elitetruppen im Süden der Stadt gerechnet werden mußte.

Rotterdam wurde als Schlüsselpunkt der Landesverteidigung betrachtet; gehofft wurde, daß es gelingen würde, noch die Brücken bei Rotterdam, Dordrecht oder Moerdijik in die Hand zu bekommen.

Ueber die Lage in Noordbrabant war dem O.L.Z. noch nichts bekannt.

*) Die Uebersicht wurde von der Abteilung I b (Kriegsgeschichte) der Hauptabwicklungsstelle der niederländischen Wehrmacht, ehemaligen Operationsabteilung des Niederländischen Generalstabs, zusammengestellt und am 10. 5. 1941 im Auftrage des niederländischen Generals Carstens, Leiter der Hauptabwicklungsstelle der niederländischen Wehrmacht, durch seinen Stellvertreter dem örtlichen Beauftragten des Chefs der deutschen Heeresarchive übergeben.

**) O.L.Z. = Oberbefehlshaber der Land- und Seestreitkräfte. C.V. = Kommandeur des Feldheeres.

Nr. 73

Kriegstagebuch Nr. 1 des Generalkommandos XXXIX. A. K.

(Auszug)

14. Mai 1940:

. . . . . .

05.30 Uhr

Der Kd. Gen. fuhr mit dem Chef d. Gen.St. und der Führungsabteilung von Dongen über Made, Brücke Moerdijk nach Rijsoord, wo sich die Gefechtsstände der 7. Fl.Div. und 9. Pz.Div. befanden.

07.45 Uhr

Hier nahm der Kd. Gen. zunächst Verbindung mit dem Kdr. der 7. Fl.Div. auf und fuhr dann zu dem Gef.Stand der 9. Pz.Div. weiter, wo er die Weisungen für den Angriff auf Rotterdam gab.

Die Gef. Stände des Korps und der Divisionen waren so dicht zusammengelegt worden, um die Kdr. ohne Zeitverlust auch mit mündlichen Weisungen versehen zu können.

Zum Angriff wurden 3 Sturmabteilungen gebildet:

Links: Leibstandarte SS „Adolf Hitler".

Führer: Obergruppenführer Dietrich.

Auftrag: Durchstoßen der Weststadt, Vorstoß auf Den Haag, Entsatz der 22. (Luftl.)Div.

Mitte: 9. Pz. Div.

Führer: Generalmajor Hubitzky.

Auftrag: Durchstoß auf Rotterdam-Mitte, Vorstoß in Richtung Amsterdam.

Sturmabteilung links und Mitte über Straßenbrücke Rotterdam-Süd Brückenkopf.

Rechts: 7. Fl. Div. mit 1 verst. Inf.Rgt. (I. R. 16).

Auftrag: Uebersetzen nach Rotterdam-Ost, Abriegeln des Ostrandes gegen Feind von Osten und Verhindern von Ausbrüchen aus der Stadt.

Befehlsführend für den Gesamtangriff: Kdr. 9. Pz.Div.

Artillerie der 9. Pz.- und 7. Fl.Div. zur Ueberwachung und Unterstützung des Angriffs auf dem Südufer eingesetzt.

Angriffszeit: 15.00—15.30 Uhr Bombenangriff auf Hafenseite und Oststadt; 15.30—15.45 Uhr Artillerie-Vorbereitung; 15.45 Uhr Vorgehen der Sturmabteilung.

10.00 Uhr

Durch den Ia des A.O.K. 18, Oberst i. G. Schmidt, wird eine Veränderung des Auftrages für das Korps überbracht. Der Kd.Gen. hatte bereits vorher den Ansatz der Angriffskräfte entsprechend geregelt.

Gleichzeitig orientierte Oberst i. G. Schmidt über die Veränderungen in der allgemeinen Lage:

Der Feind scheint die Grebbe-Linie räumen zu wollen. Das X. A.K. dringt gegen die Wasser-Linie in Richtung Utrecht vor, um von Norden auf Rotterdam vorzugehen.

Feindlage vor dem Korps:

Rotterdam-Süd ist bis zur Neuen Maas feindfrei. Dordrecht befindet sich in eigener Hand. Am Nordufer der Neuen Maas hat der Gegner in Rotterdam überall Häuser zu Stützpunkten ausgebaut. Aus dem Raum nördlich der Stadt schießt er mit mehreren Batterien ziemlich planlos in die Gegend südlich Rotterdam.

Ein Zug Fallschirmjäger von 2 Offizieren und 52 Mann hält seit 3 Tagen völlig abgeschnitten den nördlichen Brückenkopf der einzigen Brücke in Rotterdam über die Neue Maas. Eine beispielhafte Leistung zähen Aushaltens.

Das Einschießen der Artillerie für den auf 15.00 Uhr festgesetzten Angriff beginnt, sobald die Batterien in Stellung sind, um dem Gegner den Ernst der Lage klarzumachen, der am Tage zuvor eine Aufforderung zur Uebergabe durch den Kdr. der 7. Fl.Div. ablehnte, da der Kommandant der Stadt annahm, nur schwache Kräfte gegenüber zu haben.

Die Befestigungen der Stadt waren so, daß Rotterdam nicht mehr als offene Stadt zu bezeichnen war.

......

Nr. 74

Eigenhändige Aufzeichnung des Französischen Landesverteidigungs- und Kriegsministers Daladier

Paris, den 16. Mai 1940
17 Uhr

Sitzung am Quai d'Orsay — Churchill — Luftmarschall La Ferté — Joubert (Engländer) — General Ismay — englische Offiziere — Reynaud, Daladier — General Gamelin — Bergeret (Luft) —. In den Gärten des Dienstgebäudes fliegt eine Menge halb verkohltes Papier herum. — Die Akten werden verbrannt. — Rauchige Atmosphäre. — Studium der Landkarte. — Churchill glaubt, daß der Sack abgeschnürt werden kann wie im Jahre 1918. — Ich erkläre ihm, daß zwischen den beiden Kriegen kein Vergleich möglich ist. — Lange technische Auseinandersetzung mit seinen Generalen, die mir erklären, daß der deutsche Vormarsch in Frankreich durch Bombardierung der Ruhr verlangsamt werden kann. — Ich erkläre, daß ich es für absurd halte, dies anzunehmen. — Die Deutschen haben Interesse daran, ihren Vormarsch in Frankreich fortzusetzen, um anschließend England zu erledigen. — Die Zerstörungen im Ruhrgebiet sind ihnen gleichgültig, sie werden ihre Beute nicht fahren lassen. Das Schicksal Englands wird sich im Sack entscheiden. England kann keine Division mehr nach Frankreich schicken (nur 8 sind hier vorhanden!), weil seine Leute nicht ausgebildet worden sind (seit 8 Monaten!). England soll wenigstens seine Flugzeuge schicken. — London wird h i e r verteidigt werden. — Widerspruch des Marschalls La Ferté-Joubert und Churchills, die auf die Notwendigkeit der Verteidigung der englischen Rüstungsfabriken hinweisen. — Ich antworte ihnen, daß, wenn Paris fällt, die Rüstungsfabriken keinen großen Nutzen mehr bringen könnten. — H i e r muß gehandelt werden. — Churchill wünscht, die englische Botschaft aufzusuchen, um mit seiner Regierung zu sprechen.

Er läßt mich um 0 Uhr 30 zu Reynaud kommen — liest das Telegramm vor, das er an seine Regierung gerichtet hat — teilt die Antwort mit. — Er wird am (17.) Mai 4 neue Geschwader und die Hälfte seiner Bombenflugzeuge zur Zusammenarbeit mit den Franzosen schicken. — Marschall Joubert entfernt sich mit diesem Befehl, um General Georges aufzusuchen. Ich drücke Herrn Churchill dankend die Hand.

Nr. 75

Berichte des Oberkommandos der Wehrmacht vom 17. und 18. Mai 1940

(Auszug)

17. Mai: ... Nach dem Zusammenbruch der südlich Löwen gelegenen britisch-französischen Stellung sind Freitag gegen Abend die deutschen Truppen in Brüssel einmarschiert ...

18. Mai: ... Wie gestern schon durch Sondermeldung bekanntgegeben, wurden Mecheln und Löwen in hartem Kampf genommen, Brüssel dagegen kampflos durch den Oberbürgermeister unseren einrückenden Truppen übergeben ...

Nr. 76

Der Befehlshaber der Ordnungspolizei in Hamburg über die Fliegerangriffe auf Hamburg und Bremen am 18. Mai 1940

(Bericht)

Der Höhere ϟϟ- und Polizeiführer bei den Reichsstatthaltern und Oberpräsidenten in Hamburg, in Oldenburg und in Bremen, in Hannover und in Schleswig-Holstein im Wehrkreis X
— Der Befehlshaber der Ordnungspolizei —

Hamburg 13, den 18. Mai 1940
Feldbrunnenstraße 16.

Betr.: Luftangriffe auf Hamburg und Bremen in der Nacht vom 17. zum 18. Mai 1940.

Vorläufige Lagemeldung

In der Nacht vom 17. zum 18. Mai 1940 fanden Luftangriffe auf Hamburg und Bremen statt. Die Angriffe wurden in mehreren Wellen durchgeführt. Die Anzahl der feindlichen Flugzeuge wird auf 20 geschätzt.

Starke eigene Scheinwerfertätigkeit und eigenes Abwehrfeuer.

I. **Hamburg**

Um 0.45 Uhr „Luftgefahr 15"
„ 1.03 „ „Fliegeralarm"
„ 3.02 „ „Luftgefahr vorbei"
„ 3.05 „ „Entwarnung".

Folgende Schäden sind entstanden:

1. **Stadtgebiet Hamburg**

a) Gruppe West
Jägerstraße 23,
Eimsbütteler Straße 44,
Gr. Freiheit / Jungmühle,
Paulinenplatz 11,
Kieler Straße 51,
Talstraße 71,
von Brandbomben getroffen. Entstandene Feuer überall gelöscht.
Schlachthof Rinderhalle Eimsbütteler Straße
Brandbomben festgestellt (Blindgänger).
Fremdenheim Reeperbahn / Am Grenzfaß
Sprengbombe.
1 Brandbombe wurde im I-Park LS-Abschnitt III sichergestellt.

b) Gruppe Ost

Spadenland 40/41
2 Sprengbomben. Nur Sachschaden.

c) Gruppe Hafen

Hermann-Göring-Siedlung, Siebenbürgerweide
durch Sprengbombe zerstört bzw. beschädigt:
7 Wohnhäuser.
Bei Schuppen 77 Kaimauer beschädigt,
1 Kran umgestürzt.
In Finkenwärder hinter Aue-Deich
Sprengbombe.
In allen Fällen sind die entstandenen Feuer durch eigene Kräfte gelöscht.

d) Abschnitt Hamburg-Harburg

Etwa 4 Spreng- und etwa 40 Brandbomben.
OLSR Finanzamt, Bergstraße,
durch Sprengbombe eingedrückt.
Brandschäden:
Renck u. Hessenmüller,
Bauhof in der Nähe der Fa. Brinkmann u. Mergell,
Wohnhäuser Buxtehuder Straße 17.
Feuerlöschpolizei ist Herr der Lage.
In der 3. Seehafenstraße sind 10 Brandbomben (Blindgänger) aufgefunden worden.

Personenschäden (vorläufiges Ergebnis)

29 Tote,
44 Verletzte (davon 10 Schwerverletzte)

II. Bremen

Um 1.20 Uhr „Fliegeralarm"
„ 3.19 „ „Entwarnung"
Fliegerangriffe zwischen 0.45—0.55 Uhr und 1.15—3.20 Uhr.
Stadtzentrum, westliche Innenstadt und Landgebiete (Huchting, Seehausen, Hasenbüren, LS-Orte III. Ordnung).
Folgende Schäden sind entstanden:
Polizeipräsidium durch Splitterwirkung und Luftdruck Fenster der Ostfront zertrümmert, Dach schwer beschädigt, Türen und Flur herausgerissen.
1 Hafenschuppen (Inhalt Mobilien). Feuer gelöscht.
3 Wohnhäuser zerstört, 1 Haus schwer.
In der Buchtstraße 4 Sprengbomben. Mehrere Häuser leicht beschädigt.
2 kleine Brände.
Diakonissenhaus (privates Krankenhaus) durch 2 Bomben schweren Kalibers stark beschädigt. (1 Krankenschwester tot, 1 Wöchnerin schwer und 1 Kranker leicht verletzt.)
Verschiedene Straßen durch Sprengbomben aufgerissen.
Straßenbahnoberleitung gering beschädigt.

Personenschäden (vorläufiges Ergebnis)

11 Tote,
63 Verletzte
(davon aus dem Werkluftschutz 3 Tote, 1 Schwer- und 33 Leichtverletzte).

Bei Abschluß des vorstehenden vorläufigen Lageberichtes gehen noch folgende Meldungen ein:

1. Ministerium Oldenburg

Am 18. 5. 40 gegen 3.00 Uhr wurden auf Reichsstraße 212 bei Ortschaft Schlüte zwischen Berne und Huntebrück 3 Bomben geworfen.

Auf der Straße Sprengtrichter. Straße vorübergehend gesperrt, wird ausgebessert, ab 9 Uhr wieder für Verkehr freigegeben. 2 Häuser stark beschädigt. Kein Personenschaden.

Ferner auf Straße von Schlüte nach Dreisielen etwa 10 Brandbomben. Kein Sachschaden. Bei Ortschaft Ranzenbüttel 1 Blindgänger. Absperrmaßnahmen sind durchgeführt.

2. Landrat Stade

Am 18. 5. 40 gegen 2.15 Uhr sind über Wiepenkaten, 4 km südwestlich Stade, 4 Bomben abgeworfen worden. Sie sind in eine Wiese niedergegangen. 3 Sprengtrichter von 5—6 m Durchmesser und 2 m Tiefe sind gefunden. Sprengstücke wurden nicht gefunden. Der 4. Einschlag konnte noch nicht festgestellt werden.

Querner
Generalmajor der Ordnungspolizei

Nr. 77

Meldungen an das Luftgaukommando XI über Fliegerangriffe am 18. Mai 1940

(Zusammenstellung bei LGK XI)

Landrat Brake meldet:

Am 18. 5. 1940 nachts sind neun bis zehn Bomben etwa 150 m südwestlich von Bardenfleth geworfen worden.

Kein Personenschaden.

In einigen Häusern sind Fensterscheiben zertrümmert.

Nach Angabe von Einwohnern sollen zwei Bomben etwa ein bis zwei Stunden nach Abwurf detoniert sein.

Am 18. 5. 1940 in der Zeit von 06.00—07.00 Uhr wurden südwestlich Neuenbrock bei Morriem vier Bomben geworfen, die nicht detonierten.

Kein Sachschaden.

Absperrung und Benachrichtigung der nächsten militärischen Dienststelle ist erfolgt.

Landratsamt Stade meldet:

Zwischen Ohrensen und Lösthop um 01.30 Uhr eine Bombe niedergegangen und in einer Wiese krepiert. Trichter 4 m Durchmesser und 2 m Tiefe.

Sprengstücke werden gesammelt.

Landratsamt Harburg meldet:

In Maschen ein Haus durch eine Bombe beschädigt. Das Haus ist zur Hälfte abgedeckt. Außerhalb der Ortschaft kleinere Bomben, anscheinend Brandbomben, abgeworfen, ohne Schaden anzurichten.

Außerdem acht Brandbomben abgeworfen, von denen vier explodiert sind, Feuer gelöscht.

Beschädigungen an Gebäuden bei Stelle durch Bombeneinschlag.

In der Gemeinde Meckelfeld vier Bomben und zwei Brandbomben, ohne Schaden anzurichten, abgeworfen.

Menschenleben oder Verletzte sind nicht zu beklagen.

Nr. 78

Der Reichsluftschutzbund, Landesgruppe Nordmark, an das Luftgaukommando XI über einen Fliegerangriff am 18. Mai 1940

(Fernmündliche Meldung)

Ia op 3 LS 1 Hamburg-Blankenese, den 18. Mai 1940

In Harburg. Staderstraße Häuser 5b, 7, 9 und 9a stark beschädigt:

Ein Toter, mehrere Verletzte, zwei Häuser leicht beschädigt (soll die Wirkung einer einzigen Bombe gewesen sein).

In der Hangstraße 13 drei Tote und mehrere Verletzte.

In der Hangstraße 9 ein Toter und mehrere Verletzte.

Die ganze Straßenreihe Hangstraße, die ungeraden Hausnummern 3—19, stark beschädigt.

Zwei Brände durch Selbstschutz gelöscht.

Durch Flaksplitter in Eimsbüttel drei und Hamburg-Nord drei Leichtverletzte.

Nr. 79

Der Reichsluftschutzbund, Landesgruppe Nordmark, an das Luftgaukommando XI über einen Fliegerangriff am 18. Mai 1940

Ia op 3 LS 2 Hamburg-Blankenese, den 18. Mai 1940

An

LS 1

im Hause

R. L. B. Landesgruppe Nordmark meldet um 11.50 Uhr am 18. 5. 1940 aus Pinneberg:

Bei Bauernhof Bokelsees sind vier Bomben mittleren Kalibers gefallen. Zeit unbekannt.

Sprengtrichter 4 m Durchmesser, 1½ m tief, drei nebeneinander, einer in 50 m Abstand.

Acht Tiere im Freien erschlagen.

Berendt

Nr. 80

Bericht des Oberkommandos der Wehrmacht vom 18. Mai 1940

(Auszug)

. . . Feindliche Luftangriffe richteten sich gegen verschiedene Städte im norddeutschen Küstengebiet, insbesondere Hamburg und Bremen, und in Westdeutschland. Wie in allen bisherigen Fällen wurden, abgesehen von einer Kaserne, ausschließlich nichtmilitärische Ziele planlos angegriffen. Dies stellt das deutsche Oberkommando der Wehrmacht im Hinblick auf die sich daraus ergebenden Folgerungen ausdrücklich fest . . .

Nr. 81

Befehl des Luftflottenkommandos 3

21. Mai 1940 um 01.05 Uhr

Flottenbefehl Nr. 12 für den 21. Mai

1. Nachteinsatz 20./21. 5. 1940:

Fl.-Korps II und V Störangriffe gegen Bahnen, Ausladungen und Ansammlungen in den für den 20. Mai befohlenen Kampfräumen.

Wettererkundungsstaffel 51 und Fl.-Korps II Flugblattabwurf im Raum über und um Paris (Flugblatt Nr. 144).

2. Erdlage:

Eigene schnelle Truppen haben Arras, Albert erreicht und einen Brückenkopf südlich Amiens gebildet. Brückenköpfe in Abbéville und anderen Somme-Uebergängen zwischen Abbéville-Amiens werden vermutlich in der Nacht vom 20./21. Mai erreicht. Der Feind über die Somme nach Südwesten gegen die Seine im Rückzug. Vor dem linken Flügel erfolgte kein Feindangriff. Straßen und Bahnen südlich der Linie La Fère—Laon—Réthel zeigten am Nachmittag des 20. Mai keinen besonderen Verkehr.

3. Aufgabe der Luftflotte II und III am 21. Mai ist es, die Einschließung der englisch-französisch-belgischen Kräfte im nordfranzösisch-belgischen Raum zu unterstützen und gegen Bedrohung von Süden und Südwesten zu schützen.

4. Einsatz:

a) Fliegerkorps VIII unterstützt unmittelbar die vor 4. und 12. Armee vorgehenden Panzerkräfte (Gruppe Hoth und Kleist) mit Schwerpunkt vor Gruppe Kleist im Raume: St. Pol—Hestin—St. Valery—Oisement—Poix (diese einschl.)—Breteuil—Amiens—Arras (diese einschl.).

b) Fliegerkorps II unterstützt Vorgehen der Schnellen Truppen und bekämpft Rückzug des Feindes gegen die Seine im Raum (alle Orte einschl.) Dieppe—Rouen (ausschl.) Gisors—Montataire. Bahntransporte, Ansammlungen und Marschkolonnen sind laufend nachhaltig anzugreifen.

Fliegerkorps V bekämpft zum Flankenschutz links feindliche Marschbewegungen und Bahntransporte jeder Art im Raume (alle Orte einschl.) Roie—Montdidier—Creil—Meaux—Braisne—Noyen—Roye. Zur Abwehr von Feindangriffen gegen die Linie La Fère—Laon—Réthel sind Verfügungskräfte zurückzuhalten, sofern darüber hinaus Kräfte verfügbar sind, oder beim Einsatz im befohlenen Raum lohnende Zielen fehlen, ist der Angriff gegen stark belegte Flugplätze im Raum von Paris freigegeben, ausgenommen Plätze im Weichbild von Paris.

Fl.Korps VIII u. II haben die Verbände auf die südlich der Somme durch eigene Kräfte zu bildenden Brückenköpfe besonders hinzuweisen.

Lfl.Kdo. 2 wurde gebeten, mit Fl.Korps I nördlich der Linie Arras—St. Pol—Berck zu unterstützen.

5. Aufklärung:

a) Fl.Korps II im Kampfraum und südlich anschließend bis zur Seine.

b) Fl.Korps V im Kampfraum sowie im Raum Laon—Château Thierry—Châlons-sur-Marne—Vouziers.

Wichtig, ob Feind südlich der Linie La Fère—Réthel unter Zuführung von Kräften aus dem Raum um Paris neue Kräftegruppe bildet.

c) Aufkl.Gr. 123 klärt auf.

aa) Feindliche Bodenorganisation im Raum Nantes—Chartres—Châteaudun—Orléans—Melun—Beaumont;

bb) Belegung der aus der Linie Lisieux—Dreux gegen Linie Fécamps und Gisors führenden Straßen und Bahnen;

cc) Aus Linie Châlons-sur-Marne gegen Paris führende Bahnen auf Transportbewegungen.

6. Luftverteidigung:

Masse der Kräfte Flakkorps I ist in der Flanke der 4. Armee bei Gruppe Kleist so zusammenzufassen, daß sie Durchbruchsversuch des Feindes von Norden abwehren kann.

Für das Lfl.Kdo. 3 Der Chef des Gen.Stabes

Nr. 82

Der Französische Ministerpräsident an den Britischen Premierminister

(undatierter Telegrammentwurf)

Von der gegenwärtig an der Somme und der Oise abrollenden Schlacht hängt nicht nur das Schicksal Frankreichs, sondern auch Großbritanniens ab.

Es wäre nicht angängig, die Streitkräfte der beiden Länder in dieser Schlacht nicht in ihrer Gesamtheit einzusetzen.

Geht das Spiel jetzt verloren, so haben die Rüstungsanstrengungen des Vereinigten Königreichs keinen Sinn mehr. Ich kann unter diesen Umständen nicht begreifen, warum Sie den größten Teil Ihrer Luftstreitkräfte zum Schutze Ihrer Industrie weiterhin in England zurückhalten.

Ich ersuche Sie dringendst, sofort 500 Jagdflugzeuge nach Frankreich zu entsenden. Die französischen Flugplätze sind zur Aufnahme dieser Flugzeuge bereit.

Weiterhin spreche ich die Bitte aus, Ihre gesamten Bombenflugzeuge in die Schlacht zu werfen und auf Unternehmungen zu verzichten, wie sie die Royal Air Force soeben an der Ruhr durchgeführt hat, während die französische Infanterie, die allein in der Schlacht steht, auf die Hilfe der britischen Bombenflugzeuge dringend angewiesen ist.

---

*) Der Entwurf stammt aus den letzten Tagen des Mai 1940; vgl. Weißbuch des Auswärtigen Amtes 1940 Nr. 6 „Die Geheimakten des französischen Generalstabes", Dokument Nr. 69.

Nr. 83

a) Kriegstagebuch des Luftgaukommandos VII

(Auszug)

4. Juni 1940

. . . 1.05—2.15 Fliegeralarm in München. Bombenabwurf auf München-Riem, Ulm-Söflingen, Memmingen, Klingenstein im Klartal (ein Haus getroffen, 1 Toter, 4 Schwerverletzte) . . .

. . . Bombenabwürfe bei Ottobeuren (Gegend Memmingen), Ulm-Söchtingen, Göppingen, Königsbrunn, Straßberg, Gegend bei Riem und München-Allach. Zusammen ungefähr 20 Bomben. 5 Tote, 13 Verletzte, Sachschaden gering. pp. Militärischer Schaden: Keiner. Zeit zwischen 23.38 bis 3.46 . . .

. . . . . .

6. Juni 1940

. . . Einflug eines feindlichen Flugzeuges gegen 4.00 Uhr. Dabei Tiefflug über Memmingen und MG.-Feuer in die Stadt; geringer Sachschaden, kein Personenschaden . . .

b) Kriegstagebuch des Luftgaukommandos XII

(Auszug)

21. Juni 1940

. . . 10 schwere Sprengbomben auf Ort Oppau. 5 Häuser durch Feuer zerstört, weitere Häuser beschädigt. 1 öffentlicher Schutzraum leicht eingedrückt, 1 Privatschutzraum beschädigt. 1 Schwer- und 3 Leichtverletzte, nach Angriff MG.-Feuer aus der Fd.-Maschine . . .

Nr. 84

Kriegstagebuch der Heeresgruppe B vom 5. Juni bis 14. Juli 1940

(Auszug)

S. 45/46:
13. 6.:

Um 14.30 Uhr fängt die Hgr. eine Mitteilung des Pariser Rundfunks auf, nach der der Bevölkerung durch Maueranschläge bekanntgegeben wird, daß Paris zur offenen Stadt erklärt worden ist und die zur Verteidigung der Stadt bestimmte Armee zurückgezogen wird.

Der Eindruck, daß die Schutzstellung zum Teil bereits geräumt ist, wird bestätigt durch die Meldung, daß eine Pz.-Jäg.-Abt. bereits Le Bourget erreicht haben soll. Ferner ergibt die Funk-Horchauswertung, daß die frz. Funkstellen aus dem Raum nördlich Paris verschwunden sind.

Auf Grund dieser Nachrichten befiehlt die Hgr. der 18. Armee zunächst folgende Linie zu gewinnen: Einmündung der La Mauldre in die Seine — Lauf dieses Baches und der Ru Maldroit anschl. aufwärts — Bièvre Bach — südlich Versailles — Teichgruppe bei Juvisy — Brie Comte Robert — Fontenay. Paris selbst ist zunächst mit 1 Div. zu besetzen unter Sicherung der Verwaltungsgebäude, lebenswichtigen Betriebe und Brücken. Die Masse der Div. hat Paris seitwärts zu umgehen.

Um 19.40 Uhr geht vom OKH/Abt. Fremde Heere West die Bestätigung ein, daß Paris zur offenen Stadt erklärt worden ist*).

*) Die Mitteilung, daß Paris zur offenen Stadt erklärt worden ist, war auf Wunsch des Kommandanten von Paris über die diplomatischen Vertretungen der Vereinigten Staaten in Paris, Bern und Berlin zur Kenntnis des Oberkommandos des Heeres gelangt.

Nr. 85

Protokoll der Übergabeverhandlung von Paris

Ecouen, den 14. 6. 1940

I. Um zu vermeiden, daß Paris Kriegsgebiet wird, ist erforderlich, daß:

1. In Paris bis zur Linie St. Germain—Versailles—Juvisy—St. Maur—Meaux kein Widerstand von Truppen oder durch die Bevölkerung geleistet wird.
2. In Paris keine Zerstörungen der Brücken oder lebenswichtiger Betriebe (insbesondere Wasser- und Elektrizitätsversorgung) und der Nachrichtenanlagen stattfindet.

Gelingt diese friedliche Lösung dem Generalgouverneur nicht, so wird der Widerstand in der Stadt mit schärfsten Mitteln zur Erde und aus der Luft gebrochen werden.

Zur Aufrechterhaltung der Ruhe und Ordnung bleibt:

1. die Kommunalpolizei im Dienst, übernimmt den Schutz gegen Verbrecher und Plünderer usw. und verhindert Sabotageakte.
2. die Einwohnerschaft, vom Zeitpunkt des Einmarsches der deutschen Truppen ab, auf die Dauer von 48 Stunden in den Häusern.

II. Der deutsche Befehlshaber nimmt Kenntnis, daß der Generalgouverneur von Paris die in Ziffer I aufgeführten Bedingungen nur im Raum, der aus beigefügter Karte zu ersehen ist, durchführen wird.

III. Der Generalgouverneur wird versuchen, sich in Verbindung mit dem Französischen Generalstab zu setzen, um die in Ziffer I festgestezte Linie zu erreichen.

Für den deutschen Befehlshaber:
Heinrich, Major i. G.

Für den Generalgouverneur von Paris:
Dentz, Kommandant

Nr. 86

Berichte des Oberkommandos der Wehrmacht vom 14. und 15. Juni 1940

(Auszug)

14. Juni:

. . . Der völlige Zusammenbruch der ganzen französischen Front zwischen dem Aermelkanal und der Maginotlinie bei Montmédy hat die ursprüngliche Absicht der französischen Führung, die Hauptstadt Frankreichs zu verteidigen, zunichte gemacht. Paris ist infolgedessen zur offenen Stadt erklärt worden.

Soeben findet der Einmarsch der siegreichen deutschen Truppen in Paris statt . . .

15. Juni:

. . . **Paris wurde gestern kampflos besetzt und durchschritten.**

Nr. 87

Der Chef des Oberkommandos der Wehrmacht an den Generalstab des Heeres und den Führungsstab des Oberbefehlshabers der Luftwaffe

(Fernschreiben)

den 20. 6. 1940

Der Führer und Oberste Befehlshaber der Wehrmacht hat befohlen, daß

a) von den an der Westküste Frankreichs nach Süden vorgehenden Teilen des Heeres die Linie Royan—Saintes—Cognac—Angoulême zunächst nicht überschritten wird;

b) gegen die Stadt Bordeaux keine Luftangriffe geführt werden, da die Französische Regierung mitgeteilt hat, daß Bordeaux eine offene Stadt ist.

Chef OKW.

Nr. 88

Bericht des Oberkommandos der Wehrmacht vom 20. Juni 1940
(Auszug)

... Seit 10. Mai haben feindliche, und zwar vorwiegend britische, Flugzeuge fortgesetzt in der Nacht offene deutsche Städte angegriffen. Auch in der vergangenen Nacht fielen diesen Angriffen wieder acht Zivilpersonen zum Opfer.

Die deutsche Luftwaffe hat nunmehr mit der Vergeltung gegen England begonnen ...

Nr. 89

Amtliche Verlautbarungen über britische Bombenangriffe auf Kulturstätten im Juni und August 1940

22. Juni

In der Nacht erfolgte ein sinnloser Bombenangriff auf die nationale Weihestätte auf dem Bückeberg, die nichts mit militärischen oder der Verteidigung dienenden Zielen zu tun hat.

17. August

Nächtlicher Angriff auf die Stadt Weimar, die keinerlei militärische Ziele enthält. Bomben schweren Kalibers gingen in den Park neben Goethes Gartenhaus nieder, wo eine Anzahl Bäume zerfetzt wurden. Die unmittelbare Nähe der Einschläge neben dieser nationalen Gedenkstätte beweist, daß sie selbst das Ziel gewesen sein muß. Ferner Bombenabwurf in der Allee nach Belvedere, unmittelbar neben dem dort liegenden Roten-Kreuz-Haus. Beschädigung eines Reservelazaretts im Innern der Stadt.

Es war eine helle Mondnacht, die das Gelände und besonders auch das helle Gartenhaus im Goethe-Park klar erkennen ließ.

22. August

Bombardierung des Bismarck-Mausoleums in Friedrichsruh. Das Mausoleum liegt bekanntlich weitab von allen Verkehrsstraßen und größeren Siedlungen mitten im Walde. Die Bomben schlugen in geringer Entfernung vom Mausoleum ein, ohne das Gebäude selbst zu beschädigen.

Nr. 90

Führerrede vom 19. Juli 1940 (Reichstagssitzung)

(Auszug)

... Mister Churchill hat es soeben wieder erklärt, daß er den Krieg will. Er hat nun vor etwa sechs Wochen mit dem Krieg in dem Raum begonnen, in dem er anscheinend glaubt, wohl besonders stark zu sein, nämlich dem Luftkrieg gegen die Zivilbevölkerung, allerdings unter dem vorgeschobenen Motto gegen sogenannte kriegswichtige Einrichtungen. Diese Einrichtungen sind seit Freiburg offene Städte, Marktflecken und Bauerndörfer, Wohnhäuser, Lazarette, Schulen, Kindergärten und was sonst alles getroffen wird. Ich habe bisher darauf kaum antworten lassen. Aber das soll nun nicht bedeuten, daß dies die einzige Antwort ist oder bleiben wird.

Ich bin mir nun darüber im klaren, daß aus dieser unserer einmal kommenden Antwort namenloses Leid und Unglück über die Menschen hereinbrechen wird. Natürlich nicht über Herrn Churchill; denn er wird ja dann sicherlich in Kanada sitzen, dort, wohin man ja das Vermögen und die Kinder der vornehmsten Kriegsinteressenten schon gebracht hat. Aber es wird für Millionen anderer Menschen ein großes Leid entstehen...

... In dieser Stunde fühle ich mich verpflichtet, vor meinem Gewissen noch einmal einen Appell an die Vernunft auch in England zu richten. Ich glaube, dies tun zu können, weil ich ja nicht als Besiegter um etwas bitte, sondern als Sieger nur für die Vernunft spreche. Ich sehe keinen Grund, der zur Fortführung dieses Kampfes zwingen könnte. Ich bedauere die Opfer, die er fordern wird. Auch meinem eigenen Volk möchte ich sie ersparen...

Nr. 91

Bericht des Jugoslawischen Militär-, Marine- und Luftwaffenattachés in London

(Auszug)

London, den 14. August 1940

Nr. 379

Betr.: Die militärisch-politische Lage

Im Laufe dieses Monats, bzw. gegenwärtig, gestaltete sich die militärisch-politische Lage Großbritanniens folgendermaßen:

. . . . .

Infolge der Luftbombardements auf England, die am 8. d. M., insbesondere in den Küstengebieten, verstärkt wurden, fanden im Monat Juli 258 Einwohner den Tod und 321 Personen wurden schwer verletzt.

Materialschäden entstanden gleichfalls, aber sie sind im Verhältnis zu dem Umfang der Bombardierungen und den abgeworfenen Bomben leichterer Natur.

Es kann unterstrichen werden, daß die deutsche Luftwaffe auf nichtmilitärische Ziele keine Bomben wirft. Soweit privater Besitz getroffen wird, handelt es sich jeweils um Zielfehler, oder um Abwürfe der Bombenlast bei der Flucht oder vor dem Absacken eines getroffenen Flugzeuges.

Ueber die Operationen in der Luft wird täglich telegrafisch Bericht erstattet.

Mit der Bitte um Kenntnisnahme und Weiterleitung an die zuständigen Stellen.

Der Militärattaché

Radnić

Infanterie-Brigadegeneral

Nr. 92

Berichte des Oberkommandos der Wehrmacht vom 26. August bis 7. September 1940

(Auszug)

26. August

... In der gleichen Nacht überflogen zum erstenmal seit Kriegsbeginn einige feindliche Flugzeuge Berlin und warfen am Stadtrande mehrere Brandbomben ...

29. August

... Britische Flugzeuge griffen in der Nacht planmäßig Wohnviertel der Reichshauptstadt an. Durch Brand- und Sprengbomben wurden zahlreiche Zivilpersonen getötet oder verletzt sowie an einzelnen Wohnhäusern Dachstuhlbrände und Schäden verursacht ...

31. August

... In der vergangenen Nacht setzten britische Flugzeuge ihre Angriffe auf Berlin und andere Ziele im Reichsgebiet fort. Eine Anzahl von Bomben fiel in die innere Stadt sowie in Arbeiterwohnviertel der Reichshauptstadt ...

1. September

... In der Nacht zum 1. September flogen britische Flugzeuge ins Ruhrgebiet und gegen Berlin ein und warfen an mehreren Stellen Bomben, die aber nur ganz geringen Sachschaden anrichteten. Militärische Ziele sind nirgends getroffen worden ...

2. September

... Feindliche Flugzeuge versuchten in der letzten Nacht wieder Berlin und andere Städte anzugreifen ...

5. September

... Britische Flugzeuge flogen in der Nacht wieder in das Reichsgebiet ein. Der Versuch, die Reichshauptstadt anzugreifen, scheiterte an der starken Flakabwehr. Lediglich an zwei Stellen gelang es dem Gegner, Bomben über das Stadtgebiet abzuwerfen, die hier wie auch an anderen Stellen im Reich nur unbedeutenden Schaden anrichteten ...

7. September

... Der Feind griff bei Nacht wieder die Reichshauptstadt an und verursachte einigen Personen- und Sachschaden durch wahllosen Bombenabwurf auf nichtmilitärische Ziele der Innenstadt.

Die deutsche Luftwaffe ist daher dazu übergegangen, nunmehr auch London mit starken Kräften anzugreifen. In der vergangenen Nacht wurden Dockanlagen im östlichen London in Brand geworfen und durch Sprengbomben schwer getroffen. Dort und in Oellager von Thameshaven waren starke Brände weithin sichtbar ...

Nr. 93

Führerrede vom 4. September 1940 zur Eröffnung des Kriegswinterhilfswerks 1940/41 in Berlin

(Auszug)

... Es ist etwas Wunderbares, unser Volk hier im Kriege zu sehen, in seiner ganzen Disziplin.

Wir erleben das gerade jetzt in der Zeit, da Herr Churchill seine Erfindung der Nachtluftangriffe uns vorführt. Er tut es nicht deshalb, weil diese Luftangriffe besonders wirkungsvoll sind, sondern weil seine Luftwaffe bei Tag nicht über deutsches Land kann. Während die deutschen Flieger und die deutschen Flugzeuge Tag für Tag über englischem Boden sind, kommt ein Engländer bei Tageslicht überhaupt nicht über die Nordsee herüber. So kommen sie in der Nacht und werfen nun, wie sie wissen, wahllos und planlos auf zivile bürgerliche Wohnviertel ihre Bomben, auf Bauerngehöfte und Dörfer. Wo sie irgendein Licht erblicken, wird eine Bombe darauf geworfen.

Ich habe drei Monate lang das nicht beantworten lassen, in der Meinung, sie würden diesen Unfug einstellen. Herr Churchill sah darin ein Zeichen unserer Schwäche. Sie werden es verstehen, daß wir jetzt nun Nacht für Nacht die Antwort geben, und zwar steigend Nacht für Nacht...

Nr. 94

Führerrede vom 8. November 1940 vor der Alten Garde zu München

(Auszug)

... Sie wissen, ich habe jahrelang der Welt die Vorschläge gemacht, man soll den Bombenkrieg einstellen, besonders gegen Zivilbevölkerung. England hat das damals wohl in Vorausahnung der kommenden Entwicklung — Demokraten sind immer hellsehend — abgelehnt. Gut. Ich habe aber trotzdem in diesem Krieg den Kampf gegen Zivilbevölkerung nie durchgeführt. Ich habe im Polenkrieg keinen Nachtangriff auf polnische Städte ausführen lassen. Man kann in der Nacht das einzelne Objekt nicht so genau treffen. Ich ließ daher im wesentlichen nur bei Tag angreifen und immer nur militärische Ziele. Ich habe dasselbe in Norwegen getan. Das gleiche tat ich auch in Holland, in Belgien und in Frankreich. Da fiel es Herrn Churchill plötzlich ein, nachdem bei Tag allerdings die britische Luftwaffe deutschen Boden überhaupt nicht überfliegen kann, mit Nachtangriffen die deutsche Zivilbevölkerung heimzusuchen.

Sie kennen ja meine Geduld, meine Parteigenossen. Ich habe also 8 Tage zugesehen. Man hat Bomben auf die Bevölkerung am Rhein geworfen. Man hat Bomben geworfen auf die Bevölkerung in Westfalen. Und ich habe dann 14 Tage zugesehen. Ich dachte mir, der Mann ist wahnsinnig, er führt einen Kampf ein, bei dem nur England vernichtet werden kann.

Als der Krieg im Westen zu Ende war, habe ich noch einmal England die Hand hingehalten. Ich wurde wieder auf das wüsteste beschimpft und bespuckt. Herr Halifax führte sich auf wie ein Wahnsinniger. Auch gut. Man verstärkte die Bombenangriffe. Ich habe wieder gewartet. Ich muß sagen, daß es mir schwer wurde. Denn es kamen viele zu mir und sagten: „Ja, wie lange, Führer, warten Sie noch? Die hören nicht auf." Ich habe über d.ei Monate gewartet, und dann eines Tages allerdings gab ich nun den Befehl: So, ich nehme jetzt diesen Kampf auf, und ich nehme ihn auf mit der Entschlossenheit, mit der ich noch jeden Kampf aufnahm ...

Nr. 95

Aufruf des Führers vom 1. Januar 1941 an Partei und Volk

(Auszug)

... Herr Churchill war ja auch der Mann, der plötzlich den unbeschränkten Luftkrieg als das große Geheimnis des britischen Sieges erfand. Dreieinhalb Monate lang hat dieser Verbrecher deutsche Städte durch Nachtangriffe wahllos mit Bomben bewerfen lassen, Brandplättchen auf Bauerndörfer geschüttet und — wie es die Bewohner der Reichshauptstadt wissen — besonders Lazarette als Ziele angegeben. Daß die deutsche Wehrmacht dreieinhalb Monate nicht antwortete, befestigte im Gehirn dieses Mannes die Meinung, er hätte nun endlich die Methode gefunden, in der er Deutschland überlegen sei, und mit der die deutsche Wehrmacht ihm nicht antworten könnte. Ich habe dieser menschlichen Grausamkeit, die militärisch nur ein Unfug war, dreieinhalb Monate lang zugesehen. Allerdings immer wieder mit der Warnung, daß eines Tages die Vergeltung kommen würde...

Nr. 96

Führerrede vom 4. Mai 1941 (Reichstagssitzung)

(Auszug)

... Am 6. Oktober 1939 stellte ich daher abermals fest, daß Deutschland weder von England noch von Frankreich etwas verlangt habe noch verlangen wolle, daß die Fortsetzung des Krieges Wahnsinn sei, daß vor allem der Schrecken der modernen Kriegswaffen, so wie diese erst einmal in Tätigkeit treten würden, große Gebiete vernichten müßte. Ich warnte vor dem Kampf der schweren und weittragenden Artillerie gegen zivile Orte in der Erkenntnis, daß daraus nur eine beiderseitige Zerstörung tiefer Landstriche kommen könnte. Ich wies vor allem darauf hin, daß der Einsatz der Luftwaffe mit ihrer Fernwirkung zur Vernichtung all dessen führen müßte, was jahrhundertelange Arbeit mühselig aufgebaut und in Europa als Kulturwerte geschaffen hat.

So wie aber schon mein Appell am 1. September 1939 vergeblich blieb, so verfiel auch der neue einer geradezu entrüsteten Ablehnung. Die britischen Kriegshetzer und ihre jüdisch-kapitalistischen Hintermänner hatten für meinen Appell der Menschlichkeit keine andere Erklärung als die Annahme des Vorhandenseins einer deutschen Schwäche. Man versicherte den Völkern in England und in Frankreich, daß Deutschland vor der Auseinandersetzung im Frühjahr 1940 zittere und aus Angst vor der ihm dabei bevorstehenden Vernichtung gerne Frieden schließen möchte. Man erklärte aber, daß so ein Friede unter keinen Umständen kommen dürfte, bevor nicht das Deutsche Reich zertrümmert und die deutschen Menschen so weit geschlagen und verelendet wären, bis sie endlich an den Feldküchen ihrer Gegner anstehen würden, um sich dort etwas Essen zu erbetteln...

... Meine Warnungen gegen die Anwendung des von Herrn Churchill propagierten Nachtbombenkrieges gegen die Zivilbevölkerung wurde nur als Zeichen der deutschen Ohnmacht ausgelegt. Dieser blutigste Dilettant der Geschichte aller Zeiten glaubte im Ernst, die monatelange Zurückhaltung der deutschen Luftwaffe nur als einen Beweis für ihre Unfähigkeit, in der Nacht fliegen zu können, ansehen zu dürfen.

So ließ dieser Mann durch seine bezahlten Schreiber monatelang dem englischen Volk vorlügen, daß die britische Luftwaffe allein und als einzige in der Lage sei, auf solche Weise Krieg zu führen, und daß man damit das Mittel gefunden hätte, um durch den rücksichtslosen Kampf der englischen Luftwaffe gegen die deutsche Zivilbevölkerung in Verbindung mit der Hungerblockade das Reich niederzuzwingen. Ich habe gerade davor immer wieder gewarnt, und zwar über 3½ Monate lang. Daß diese Warnungen auf Herrn Churchill ohne Eindruck blieben, wundert mich nicht. Was gilt diesem Mann das Leben anderer? Was gilt ihm die Kultur, was gelten ihm Bauwerke? Er hat es ja bei Beginn des Krieges bereits ausgesprochen, daß er seinen Krieg haben will, auch wenn selbst die Städte Englands dabei in Schutt und Trümmer sinken sollten ...

Nr. 97

Amtliche Verlautbarung der französischen Agentur Ofi über den am 3. März 1942 erfolgten englischen Terrorangriff auf das Pariser Stadtgebiet

Auf 600 Tote und 1000 Verletzte soll sich die Zahl der Opfer des Bombenangriffs der RAF. in der Nacht zum Mittwoch auf die Pariser Umgebung belauten. Die nationale Porzellanmanufaktur von Sèvres und das Rodin-Museum in Meudon wurden schwer beschädigt. In Boulogne wurden etwa 150 bis 200 Häuser zerstört. Man rechnet dort mit 400 Toten und 1000 Verletzten. In Clamart wurden 12 Häuser zerstört, zwei Menschen wurden getötet und 5 verletzt. In Issy-Les-Moulineaux wurden 20 Häuser zerstört. Dort zählte man 17 Tote und eine große Anzahl Verletzter. In Villejuif wurden 15 Häuser zerstört. Dort waren 4 Tote und 8 Verletzte zu beklagen. Montrouge: 1 Toter. Neuilly: 3 Leichtverletzte. Peco: 15 Tote und 21 Verletzte. Sèvres: 3 Tote und Verletzte. Von Rueil liegen noch keine Meldungen vor. Man befürchtet, daß die Zahl der Opfer in Boulogne und Billancourt sich erhöhen wird, denn die Eingänge zu Luftschutzkellern, in welchen 150 Menschen Zuflucht suchten, waren verschüttet und waren bisher noch nicht wieder zugänglich.

Nr. 98

Botschaft des Marschalls Pétain vom 7. März 1942

Bei dem erschütternden Anblick der in langen Reihen aufgestellten Särge derer, die Eurem Herzen nahestanden, lasse ich Euch Ehegatten, Eltern, Kindern, Geschwistern und Freunden der Toten die herzlichste Anteilnahme ganz Frankreichs zum Ausdruck bringen.

Ich weile fern von Euch und empfinde es sehr schmerzlich, daß ich an Eurer Trauer nicht persönlich teilnehmen kann. Ihr sollt aber wissen, daß in dieser Abschiedsstunde ganz Frankreich sich auf den Friedhöfen des so schwer betroffenen Stadtgebietes um Euch schart.

Wir können kaum Worte finden, um unsere Gefühle zum Ausdruck zu bringen, so sehr sind wir noch von den Berichten über diese Schreckensnacht ergriffen. Ganze Straßen verschwunden, Stadtviertel dem Erdboden gleichgemacht, Familien dezimiert, Kinder aus der Wiege ins Grab gestürzt, armselige Reste menschlicher Leiber unter beißendem Rauch aus den Trümmern geborgen, Tote und Verwundete im Morgengrauen gesammelt — all dieses Furchtbare, das Ihr durchmachen mußtet, haben wir im einzelnen mit Euch erlebt.

Euer Leid fühlt ganz Frankreich aus tiefster Seele.

Für Worte des Hasses ist in dieser Stunde innigsten Mitgefühls kein Raum. Die Geschichte hat ihr Urteil über den verbrecherischen Angriff eines ehemaligen Verbündeten bereits gefällt, eines Verbündeten, der nur deshalb unsere Soldaten allein in den Tod gehen ließ, um zwei Jahre später mit kalter Ueberlegung unsere unschuldige Zivilbevölkerung hinmorden zu können.

Kein Kriegsgesetz und kein Vorwand irgendwelcher Art vermöchten vor dem menschlichen Gewissen derartig blutige Hekatomben zu rechtfertigen.

Und Ihr Arbeiter, die Ihr in Eurer Heimatstadt Paris auf dem Felde der Ehre gefallen seid, an den Ufern der von Blut geröteten Seine, auf dem Rückweg von Eurer Arbeitsstätte, Euch gilt in erhöhtem Maße der Dank Frankreichs! Habt Ihr Euch doch zweimal für Frankreich geopfert, durch Euer hartes Leben und durch Euren unverdienten Tod.

Möge eines Tages inmitten der Fabrikschornsteine, der Werkstätten und Arbeitsplätze ein Erinnerungsmal erstehen, um vor den kommenden Generationen Zeugnis abzulegen von dem Arbeitsethos des Parisers, von seiner Selbstverleugnung in der Zeit der Not und von der völligen Hingabe seiner Person; das ist heute mein innigster Wunsch!

Und nun, Ihr Toten aus unserem lieben Paris, unserer Hauptstadt, die Ihr von ganz Frankreich betrauert und beweint werdet, gehet unter dem Trauergeläut unserer Glocken ein in die ewige Ruhe!

Nr. 99

Berichte des Oberkommandos der Wehrmacht vom 29. März bis 14. September 1942

(Auszug)

29. März

. . . Britische Bomber griffen in der letzten Nacht einige Orte im norddeutschen Küstengebiet an, vor allem die Stadt Lübeck. Die Zivilbevölkerung hatte einige Verluste Nachtjäger, Flakartillerie und Marineartillerie schossen zwölf der angreifenden Bomber ab.

30. März

. . . Bei dem im gestrigen Bericht des Oberkommandos der Wehrmacht gemeldeten britischen Luftangriff auf Lübeck wurden in erster Linie die Wohnviertel der Stadt getroffen. Die Zivilbevölkerung hatte stärkere Verluste . . .

6. April

. . . Britische Bomber griffen in der letzten Nacht Wohnviertel verschiedener Orte in Westdeutschland an, vor allem in der Stadt Bonn. Die Zivilbevölkerung hatte Verluste an Toten und Verletzen. Militärischer oder wehrwirtschaftlicher Schaden entstand nicht. Dagegen wurde eine Anzahl öffentlicher Gebäude mit zum Teil hohen kulturellen Werten durch Bombenwurf beschädigt. Flakartillerie und Nachtjäger schossen fünf der angreifenden Bomber ab.

25. April

. . . Britische Bomber griffen in der Nacht zum 25. April Wohnviertel in Rostock an. Die Zivilbevölkerung hatte Verluste an Toten und Verletzten. Eine Anzahl von Wohnhäusern, Kulturstätten und Wohlfahrtseinrichtungen wurde zerstört oder beschädigt. Zwei der angreifenden Bomber wurden abgeschossen . . .

26. April

. . . Britische Bomber griffen in der Nacht zum 26. April erneut die Stadt Rostock an. Die Bombenwürfe erfolgten fast ausschließlich auf Wohnviertel der Altstadt. Die Zivilbevölkerung hatte zahlreiche Verluste. Wertvolle Kulturdenkmäler und Wohlfahrtseinrichtungen wurden vernichtet.

9. Mai

. . . Kräfte der britischen Luftwaffe warfen in der vergangenen Nacht auf die Stadt Rostock und das Seebad Warnemünde Spreng- und Brandbomben. Flakartillerie und Jagdabwehr fügten dem Gegner bei diesem abermaligen Terrorangriff auf die Zivilbevölkerung schwere Verluste zu. Achtzehn der angreifenden Bomber wurden abgeschossen.

4. Juni

. . . Britische Flugzeuge belegten in der letzten Nacht das Gebiet um Bremen und die Stadt selbst vorwiegend mit Brandbomben. Nachtjäger und Flakartillerie schossen zehn der angreifenden Bomber ab . . .

26. Juni

... In der vergangenen Nacht führte die britische Luftwaffe Angriffe auf mehrere Orte des nordwestdeutschen Küstengebietes, besonders auf die Stadt Bremen. Die Bevölkerung hatte Verluste. Brandbomben richteten vor allem in Wohnvierteln und öffentlichen Gebäuden Schaden an. Nachtjäger, Flakartillerie und Marineartillerie schossen 52 der angreifenden Bomber ab ...

20. Juli

... Die britische Luftwaffe griff bei Nacht mit schwächeren Kräften einige Orte an der Deutschen Bucht, vor allem die Städte Bremen und Oldenburg, an. Die Zivilbevölkerung hatte Verluste. Drei feindliche Flugzeuge wurden zum Absturz gebracht ...

30. Juli

... Im Schutze starker Bewölkung durchgeführte Tagesstörangriffe einzelner britischer Bomber auf Städte des Rheinlandes hatten nur geringe Wirkung. In der vergangenen Nacht griff ein britischer Bomberverband einige Orte der Saarpfalz, vor allem Wohnviertel der Stadt Saarbrücken, an, wobei u. a. das Gautheater völlig zerstört wurde. Die Zivilbevölkerung hatte Verluste ...

5. September

... Die britische Luftwaffe führte in der Nacht zum 5. September einen Terrorangriff auf Wohnviertel der Stadt Bremen. Aus großer Höhe geworfene Spreng- und Brandbomben trafen u. a. mehrere Kirchen und Krankenhäuser schwer. Nachtjäger und Flakartillerie schossen elf der angreifenden Bomber ab.

14. September

... Nach wirkungslosen Tagesstörflügen über Westdeutschland führten Verbände der britischen Luftwaffe in der Nacht zum 14. September einen Terrorangriff, vor allem gegen die Stadt Bremen. Die Zivilbevölkerung hatte Verluste. In den Wohnvierteln der Stadt entstanden Brände, Sach- und Gebäudeschäden. U. a. wurden mehrere Kirchen, Krankenhäuser und Kulturdenkmäler getroffen. Nach bisherigen Meldungen wurden 14 der angreifenden Bomber zum Absturz gebracht ...

Nr. 100

Amtliche Verlautbarung vom 30. März 1942

Mit ihrem in der Nacht zum Sonntag erfolgten Luftangriff auf Lübeck haben die Briten der Kette ihrer planmäßigen Ueberfälle auf deutsche Kulturstätten ein neues und unerhörtes Glied angereiht, das bis in fernste Zeiten als Zeichen britischer Schande angesprochen werden wird. Nach dem Beispiel der militärisch und wirtschaftlich völlig sinnlosen Angriffe auf Münster, Aachen usw. sind auch hier in blinder Zerstörungswut unersetzliche Kulturgüter vernichtet worden. Die Abgesandten Churchills konzentrierten ihre nächtlichen Angriffe auf die Lübecker Altstadt, wo u. a. die herrliche Marienkirche, der Dom, die Petrikirche und das Museum in Schutt und Asche sanken. Wieder einmal hielten sich die Londoner Kriegsverbrecher und Bolschewistenfreunde, die — wie das Beispiel von St. Nazaire erneut gezeigt hat — zu militärischen Aktionen unfähig sind, am Leben von unschuldigen Frauen und Kindern und an der brutalen Vernichtung kostbarer Kulturgüter schadlos. Welchem Besucher aus dem In- und Ausland blieb nicht tief in der Erinnerung die unvergleichlich schöne Silhouette der alten Hansestadt Lübeck mit ihren ragenden gotischen Türmen und spitzen Giebeldächern? In dieses Monument mittelalterlicher Kunst haben die Bomben der englischen Barbaren nun hineingeschlagen. Die reichen Schätze der Kirchen und zahllose Denkmäler hoher bürgerlicher Kultur, der Stolz einer ganzen Kulturwelt, fielen den britischen Mordbrennern, die kein anderes Ziel kennen, als in ohnmächtiger Wut sinnlos zu zerstören, gleichfalls zum Opfer.

Ein Fluch lastet auf den Urhebern dieser Verbrechen in London, und einst wird das furchtbare Werk dieser Gesellen vernichtend auf sie zurückfallen.

Nr. 101

Bericht des Luftkorrespondenten der „Daily Mail" Colin Bednall über ein Interview mit dem Kommandierenden General des 8. Bomberkommandos der Heeresluftwaffe der Vereinigten Staaten, Brigadegeneral Ira C. Eaker, 22. September 1942

(Auszug)

Wichtige neue Tatsachen über die Pläne der Luftwaffe der Vereinigten Staaten in Europa und die Methoden, durch die sie hofft, in Zusammenarbeit mit der R. A. F. die Kriegsmaschinerie Hitlers zu zerstören, teilte mir gestern der Befehlshaber der amerikanischen Bombenflieger, Brigadegeneral Ira C. Eaker, in einem Einzelinterview in seinem Hauptquartier mit.

Der volle Titel General Eakers ist: Kommandierender General des 8. Bomberkommandos der Heeresluftwaffe der Vereinigten Staaten. Er sprach offen und teilte mir zu Beginn die folgende ermutigende Neuigkeit mit:

„Auf den britischen Inseln", so sagte er, „sind genügend Flugplätze fertiggestellt und noch im Bau, um alle Luftstreitkräfte der Alliierten unterzubringen, die zur Zerstörung Deutschlands notwendig sind."

Ich fragte ihn, ob der Ausdruck „Zerstörung Deutschlands" einer Einschränkung bedürfe. Er antwortete:

„Ich glaube, daß es tatsächlich möglich ist, den Feind aus der Luft zu vernichten. Durch Zerstörung seiner Flugzeugfabriken kann man seine Luftwaffe ausschalten. Durch Zerstörung seiner Rüstungsfabriken und Verkehrswege kann man seine Heere zum Stehen bringen. Durch Zerstörung seiner Werften kann man es ihm unmöglich machen, Unterseeboote zu bauen.

Es gibt nichts, was mit Kanonen zerstört werden kann, das man nicht auch durch Bomben zerstören könnte.

Das einzige, was nicht in Reichweite von Luftangriffen liegt, sind unterirdische Fabriken und Unterseebootbunker. Trotzdem kann man auch damit fertig werden, denn alles, was unter der Erde gebaut wird, muß zum Versand ans Tageslicht kommen.

Die deutschen Arbeiter brauchen Häuser, um darin zu leben und Versorgungsbetriebe, um sich am Leben zu erhalten. Diese sind gegen Luftangriffe außerordentlich empfindlich.

Niemand wird gern unter der Erde arbeiten, wenn er weiß, daß vielleicht in seiner Abwesenheit sein Heim zerstört und seine Familie vernichtet wird.

Es ist so, als ob man sagte, man könne ein Unterseeboot nicht mit einer Bombe zerstören, wenn es 200 Fuß unter dem Wasserspiegel liege. Das kann man wohl wirklich nicht, aber ein Unterseeboot kann ja auch nicht andauernd unter Wasser bleiben. Früher oder später muß es doch einmal auftauchen.

Man sollte sich darüber klar sein, daß die Luftmacht eines der wirksamsten Mittel ist, die wir haben, um den Krieg zu gewinnen. Wir müssen natürlich alle Waffen gebrauchen, nicht nur eine, aber wir wollen die Luftmacht nicht unterschätzen.

Diesen Krieg wird der gewinnen, der die größten und leistungsfähigsten Luftstreitkräfte hat."

General Eaker sprach besonders über seine Bombardierungspläne und erwähnte die sensationellen fliegenden Festungen, die unter seinem Befehl stehen. Er hat diese Bomber begleitet, als sie das erstemal Europa angriffen, und er kennt das Problem, über das er spricht, aus der Praxis wie auch aus der Theorie.

General Eaker fuhr fort:

„Die Bomber der Vereinigten Staaten werden in den nächsten Monaten keine Möglichkeit unversucht und undemonstriert lassen, den Feind gründlich und mit aller Kraft zu schlagen.

Es gibt kaum einen Winkel Deutschlands, in den wir nicht kommen werden."

General Eaker sagte offen, in einigen Stadien seines Programms würden mehr Streitkräfte gebraucht werden, als gegenwärtig zur Verfügung ständen. Diese würden jedoch rasch bereitgestellt sein.

Er erklärte außerdem, die Amerikaner würden sich vielleicht nicht darauf beschränken, nur am Tage Bomben zu werfen. Andererseits bezeichnete er es als „ein sehr glückliches Zusammentreffen", daß die Bomber der RAF gewöhnlich bei Nacht angriffen.

Die Operationen der beiden Luftstreitkräfte zusammen ergäben eine Tag- und Nachtoffensive.

Dies sei aus zwei guten Gründen außerordentlich wünschenswert.

Erstens würde dies die Ueberfüllung des Luftraums und der Flugplätze verringern, die nur schwer zu vermeiden sein würde, wenn die alliierten Luftstreitkräfte gleichzeitig in Massen operierten.

Zweitens würde dies die deutsche Abwehr nicht zur Ruhe kommen lassen. Ihre Stärke müßte verdoppelt werden. Niemand könne bei einer Arbeitszeit von 24 Stunden täglich etwas leisten.

General Eaker war außerordentlich beeindruckt von der „Flächen"-Bombardierung, wie sie vom Bomberkommando der RAF. durchgeführt wird.

Er glaubt, diese wirke auf die Moral der Zivilbevölkerung viel stärker als die genaue Bombardierung einzelner Ziele bei Tageslicht, wie sie bis jetzt von den fliegenden Festungen durchgeführt worden sei.

Die Leute begriffen sehr schnell, daß die Bomber, wenn sie am Tage kämen, ihren Angriff auf genau bestimmte Ziele beschränkten. Gerade die Unsicherheit der Bombardierung ganzer Gebiete bei Nacht beanspruche die Nervenkraft einer Zivilbevölkerung außerordentlich stark.

„Man sollte beide Arten der Bombardierung weiterhin durchführen", erklärte der General.

. . . . . .

Nr. 102

Französische Verlautbarung vom 4. April 1943

Paris, 4. April. — Heute nachmittag setzte die englisch-amerikanische Luftwaffe ihre Terrorangriffe gegen die besetzten Westgebiete fort. In den letzten Tagen hatte der Feind in mehrfach wiederholten Tagesangriffen Städte und Dörfer in Frankreich, Belgien und Holland bombardiert und mit Bordwaffen beschossen und Not und Elend unter der Zivilbevölkerung verbreitet. Diesmal haben die amerikanischen Bomber erneut das Gebiet von Paris angegriffen. Die Pariser, die ihren Sonntag im Freien, auf Sportplätzen und an verschiedenen Erholungsstätten verbrachten, sind von neuem Zeugen der Brutalität ihrer früheren Verbündeten geworden.*)

Bei völlig klarem Wetter griffen die amerikanischen Bomber die in allen Einzelheiten deutlich erkennbare Stadt an. Wie so häufig in der letzten Zeit warfen sie auch diesmal ihre Bomben auf Wohnviertel der französischen Hauptstadt.

Nach den bis jetzt eingegangenen Nachrichten ist eine große Zahl von Wohnhäusern im Verlauf dieses Angriffs zerstört worden; es sind mehr als 100 Tote zu beklagen.

Nach den bisherigen Feststellungen wurden wenigstens sieben viermotorige amerikanische Bomber und eine verhältnismäßig große Zahl von feindlichen Jagdflugzeugen im Verlaufe von Luftkämpfen über den nordfranzösischen Küsten abgeschossen.

---

*) Pariser Pressemeldungen zufolge wurde u. a. auch die bekannte Galopprennbahn Longchamps, auf der gerade Rennen veranstaltet wurden, von den feindlichen Bombern angegriffen.

Nr. 103

Botschaft des Marschalls Pétain vom 4. April 1943

Meine lieben Freunde!

Soeben erfahre ich, daß heute nachmittag ein neuer englisch-amerikanischer Ueberfall auf das Weichbild von Paris stattgefunden hat.

Wieder sind Tote und Verwundete zu beklagen, wieder sind Heimstätten zerstört worden.

Hierdurch wächst die lange, traurige Liste der Opfer in unseren Städten im Norden, in der Bretagne, in der Normandie und in Tunesien.

Ich erhebe Protest gegen Handlungen, die nichts rechtfertigen kann, und gebe gegenüber den Angehörigen dieser unschuldigen Opfer meiner tiefen Trauer und meinem herzlichsten Mitgefühl Ausdruck.

Ph. Pétain

Nr. 104

a) Bericht des Oberkommandos der Wehrmacht vom 6. April 1943

(Auszug)

... Britisch-Nordamerikanische Fliegerverbände griffen am gestrigen Tage die besetzten Westgebiete, vor allem die Stadt Antwerpen an. Die Bevölkerung hatte erhebliche Verluste. In einer Schule wurden 180 Kinder getötet. Jäger und Flakartillerie schossen 19 feindliche Flugzeuge ab ...

b) Amtliche Verlautbarung vom 8. April 1943 über den anglo-amerikanischen Terrorangriff auf Antwerpen

Bis Donnerstag nachmittag waren die Leichen von über 1000 Opfern des anglo-amerikanischen Terrorangriffs auf Antwerpen identifiziert. Die Zahl der getöteten Frauen und Kinder ist sehr hoch. Von den 17 000 Einwohnern des betroffenen Bezirks sind mindestens 10 000 durch den Luftangriff in Mitleidenschaft gezogen, also entweder getötet, verwundet oder obdachlos geworden. Die Zahl der Häuser, die keine Beschädigung aufweisen, ist sehr gering. Die Beisetzungsfeierlichkeiten finden am Freitag und am Sonnabend statt.

Nr. 105

Französische Verlautbarung vom 12. Mai 1943

Die tragische Bilanz der englisch-amerikanischen Fliegerangriffe auf Frankreich. 4758 Tote und 9785 Verwundete seit dem 1. Januar 1941.

Vichy, 12. Mai. — Wie groß die durch Fliegerangriffe auf größere Städte verursachten Schäden sowie die Verluste der Zivilbevölkerung sind, läßt sich noch nicht völlig übersehen; es bedarf hierzu einer gewissen Zeit, denn die Trümmer müssen zunächst durchforscht und die erhaltenen Informationen zusammengefaßt werden.

Die Statistik der blutigen Nächte und Tage der drei letzten Jahre zeigt ein verhängnisvolles Ansteigen.

So sind in der Zeit vom 1. Januar bis zum 15. April 1943, also in nur dreieinhalb Monaten, durch englisch-amerikanische Fliegerangriffe auf französisches Gebiet, und zwar ausschließlich auf das Mutterland, 1646 Personen getötet und 3033 verwundet worden, während im ganzen Jahre 1942 die betreffenden Zahlen 2585 Tote und 5648 Verwundete und im Jahre 1941 527 Tote und 1104 Verwundete betrugen.

Im Monatsdurchschnitt ist somit die Zahl der getöteten Zivilpersonen von 44 im Jahre 1941 auf 215 im Jahre 1942 und auf 470 im ersten Quartal 1943 angestiegen, so daß die Gesamtzahl der Toten am 15. April 1943 sich auf 4758 beläuft, während im Monatsdurchschnitt die Zahl der Verwundeten entsprechend von 92 auf 471 und 866 anstieg; die Gesamtzahl der Verwundeten betrug demnach am 15. April 9785.

Auch die Zahl der getroffenen Gebäude hat sich in erschreckendem Maße erhöht. Die Städte Lorient und St. Nazaire sind fast völlig dem Erdboden gleichgemacht; die meisten Luftangriffe richteten sich gegen: Le Havre, Abbéville, Dünkirchen, Brest, Cherbourg, Dieppe, Rouen und Caen.

Die am härtesten betroffene Bevölkerung.

Am härtesten wurde die Bevölkerung der Pariser Gegend betroffen: 1081 Tote; dazu kommen: St. Nazaire mit 483 Toten, Rouen 378, Le Havre 339, Lorient 334, Rennes 300, Lille 283, Brest 234, Boulogne-sur-Mer 113; endlich Morlaix 82, Dünkirchen 72 und Cherbourg mit 44 Toten.

Diese Statistiken vermitteln uns in ihrer unerbittlichen Nüchternheit, eindrucksvoller als alle Reden, ein Bild von dem grausamen Schicksal Frankreichs, das den härtesten Schlägen ausgesetzt ist, ohne sich irgendwie schützen zu können. Die obigen Zahlen werden für alle Zeiten in der Geschichte unseres Vaterlandes neben den Listen der durch die Ueberfälle auf Mers-el-Kébir, auf Dakar, auf Syrien, auf Madagaskar und Casablanca verursachten militärischen Verluste erscheinen und gleichermaßen Zeugnis ablegen von der barbarischen Art der angelsächsischen Kriegführung und dem Anteil Frankreichs an dem unter schweren Opfern erkauften Aufbau Europas.

Zeitraum	Anzahl der Getöteten	Anzahl der Verwundeten
Vom 1. Januar bis zum 30. September 1941	429	794
„ 1. Oktober „ „ 31. Dezember 1941	98	310
„ 1. Januar „ „ 31. Dezember 1942	2585	5648
„ 1. Januar „ „ 15. April 1943	1646	3033
	4758	9785

Nr. 106

Rede des Britischen Premierministers Churchill vor dem Kongreß der Vereinigten Staaten, 19. Mai 1943

(Auszug)

Wir führen ferner von den britischen Inseln aus die Hauptluftoffensive gegen Deutschland, und hierin werden wir kraftvoll von den Luftstreitkräften der Vereinigten Staaten im Vereinigten Königreich unterstützt, deren Tätigkeit hauptsächlich bei Tage stattfindet, wie unsere Tätigkeit hauptsächlich bei Nacht erfolgt. In diesem Krieg bedeuten Zahlen immer mehr, und zwar sowohl in Nacht- wie in Tagesangriffen . . . Je andauernder und härter der Luftkampf wird, um so besser für uns . . .

Herr Präsident, die Ansichten darüber sind geteilt, ob der Einsatz der Luftwaffe allein einen Zusammenbruch in Deutschland oder Italien herbeiführen kann. Der Versuch ist sehr wohl wert, gemacht zu werden, solange andere Maßnahmen nicht ausgeschlossen sind. Jedenfalls ist es gewiß kein Schaden, diese herauszufinden . . .

(Times 20. 5. 43)

Nr. 107

Rede des Britischen Außenministers Eden auf der Jahreskonferenz der Konservativen Partei in London, 20. Mai 1943

(Auszug)

. . . Bei einem Ueberblick über die vergangenen Monate muß hier der Tätigkeit der Kgl. Luftwaffe Anerkennung gezollt werden. Sie hat ihre Rolle — vielleicht eine entscheidende Rolle — in Tunis gespielt. Gleichzeitig hat das Bomberkommando unermüdlich Nacht auf Nacht Deutschland mit Bomben und Feuer und in jüngerer Zeit zur Abwechslung mit Wasser bearbeitet. Bei verschiedenen unserer jüngsten Flüge über dem Ruhrgebiet sind sogar noch mehr Bomben abgeworfen worden als bei dem 1000-Bomber-Angriff über Köln im vergangenen Jahre; und dies war bereits eine dreimal so große Bombenlast als je auf eine britische Stadt abgeworfen wurde. Vor 12 Monaten würde ein Angriff, bei dem in einer Nacht 1500 t abgeworfen werden konnten, ungeheuerlich erschienen sein. Heute ist das fast eine normale Operation für das Bomberkommando . . .

. . . Und dies ist nicht alles. Unsere amerikanischen Verbündeten vereinigen sich mit uns fast jede Woche in schnell wachsendem Maße in einer Tages-Offensive, indem sie Tagesangriffe auf militärische Ziele in Deutschland richten. Ich glaube, Sie werden mir zustimmen, daß es für uns Zeitverschwendung wäre, darüber zu streiten, ob Nacht- oder Tagesbombardierungen besser sind. Wir wissen, was das Beste für Deutschland ist — weder Nachtangriffe noch Tagesangriffe, sondern Bombenangriffe bei Tag und Nacht, unaufhörlich, ununterbrochen, Stunde um Stunde, bis der Krieg gewonnen ist. Dies ist das Programm, das wir für Deutschland vorbereitet haben.

In diesem Zusammenhang ist es höchst ermutigend, daß unser großer Verbündeter, die Sowjetunion, an der gleichen Offensive auf Deutschland von der anderen Seite aus teilnimmt. Formationen schwerer russischer Bomber führen nun Nachtangriffe auf die Städte Ostpreußens und auf von den Deutschen besetztes Gebiet durch. So wird Deutschland nicht nur zu jeder Zeit, sondern auch überall bombardiert. . . .

Nr. 108

Schreiben des britischen Luftmarschalls Trenchard an die „Times" vom 20. Mai 1943*)

(Auszug)

. . . . . .

Die große Angriffswaffe der Gegenwart und aller künftigen Kriege — und durch Angriffe, nicht durch Verteidigung werden Kriege gewonnen — ist Luftmacht, und wer für die Luftstreitkräfte der Welt verantwortlich ist, wird auch für die Aufrechterhaltung des Weltfriedens verantwortlich sein. Der Grund für die überwältigende Macht der Luftstreitkräfte besteht darin, daß es in der Luft keine natürlichen Hindernisse gibt. Wie Lord Fisher im Jahre 1919 sagte: „Dies ist die Schönheit des künftigen Krieges. Keine Gebirge, Flüsse, geschützte Häfen oder schneebedeckte Alpenpässe spielen eine Rolle — Du fliegst einfach über alle diese Dinge und wirfst Deine vielen Tonnen Bomben ab." Die Reichweite der Luftwaffe ist theoretisch unbegrenzt. Ihre zerstörende Kraft ist unendlich viel größer als alles, was es bisher auf der Welt gegeben hat, denn ein Flugzeug kann eine schreckliche Explosivkraft mit sich führen, die viel größer ist als irgend etwas, was von einer Kanone abgeschossen werden kann. Der Zweck dieses Briefes ist, darauf hinzuweisen, daß die Luftwaffe nun gezeigt hat, was sie in diesem Kriege und in künftigen Kriegen tun kann — falls wir jemals einen anderen Krieg gestatten sollten.

. . . . . .

Der Bomber ist die Speerspitze der entscheidenden Offensive, die den Krieg beherrscht. Dies wird bewiesen durch das Bomberkommando — jene Streitkraft, die soviel kleiner ist als viele von uns, die an die Kraft der Bombenflugzeuge geglaubt haben, für absolut notwendig hielten. Aber was für eine Wirkung hat diese Streitkraft auf Deutschland! Es ist keine Uebertreibung, zu sagen, daß unsere Bombardierungen Deutschlands gegenwärtig den Naziführern viel mehr Alarm und Unruhe bringen als irgendetwas anderes. Deutschland und Italien glauben, sie könnten sich gegen Landangriffe verteidigen, aber sie wissen, daß sie sich nicht gegen unsere Bombenoffensive verteidigen oder den schrecklichen Verlust von Menschenleben und die Unterbrechung der Produktion verhindern können, weil es keine natürlichen Hindernisse in der Luft gibt.

. . . . . .

Ich hoffe, die Vereinigten Nationen werden zusammenwirken, um durch unsere Luftoffensive die Angriffsnationen Deutschland, Italien und Japan zu schlagen, und so die verbündeten Armeen befähigen, mit einem Minimum von Verlusten den Vormarsch nach Deutschland hinein anzutreten. Auf diese Weise wird der Krieg abgekürzt und werden Leben gerettet werden, vorausgesetzt, daß wir unsere Bombenoffensive verdoppeln oder verdreifachen. Nichts darf diesem Ziele im Wege stehen. Alles muß heute getan werden, um unsere Luftoffensive weiter zu verstärken und so den Zusammenbruch Deutschlands zu beschleuni-

*) Veröffentlicht in der „Times" vom 21. Mai 1943.

gen und — was ebenso wichtig ist — die Schlacht gegen Japan in kürzestmöglicher Zeit mit möglichst geringen Menschenopfern zu gewinnen. Erkennen wir alle diese Tatsachen? Tun wir alles, was wir können, um diese Politik zu fördern?

Ihr sehr ergebener

Trenchard

Kingston House South, Ennismore Gardens

S. W. 7, 20. Mai

Nr. 109

Erklärung des Stellvertretenden Britischen Premierministers Attlee im Unterhaus, 27. Mai 1943

Wing Commander Hulbert (Stockport, Konservativ) fragte den Premierminister, ob er die Versicherung abgeben könne, daß Vorstellungen, die von neutralen Ländern zugunsten einer Aufgabe des Luftbombardements bei der Regierung erhoben werden könnten, nicht in Erwägung gezogen werden würden, und daß es die Politik der Regierung sei, unermüdlich alle Formen militärischer Angriffe auf den Feind fortzusetzen.

Mr. Attlee, Staatssekretär für Dominien-Angelegenheiten (Limehouse, Arbeiterpartei): Die Zerstörung des Kriegspotentials der Achsenmächte ist ein lebenswichtiger und wirklich wesentlicher Teil unserer Strategie, und weder der Feind noch irgend jemand anders wird uns davon abbringen. Ebensowenig werden wir in der tatkräftigen Fortführung des Krieges durch diese und andere erlaubte Methoden nachlassen, bis der völlige Sieg der Vereinigten Nationen errungen ist.

Mr. Stokes (Ipswich, Arbeiterpartei) fragte, ob Mr. Attlee sich dessen bewußt sei, daß es in diesem Lande einen ständig wachsenden Teil der öffentlichen Meinung gebe, der die unterschiedslose Bombardierung von Wohnstätten der Zivilbevölkerung für moralisch schlecht und strategisch wahnsinnig halte.

Mr. Attlee: Nein, es erfolgt keine unterschiedslose Bombardierung. Wie in diesem Haus wiederholt erklärt worden ist, richtet sich die Bombardierung auf solche Ziele, die in militärischer Hinsicht besonders wirksam sind.

Nr. 110

Amtliche Verlautbarung vom 29. Mai 1943

Der Stellvertretende Britische Ministerpräsident Attlee erklärte am 27. Mai im Unterhaus, es sei nicht richtig, daß die Luftbombardierungen auf Deutschland wahllos erfolgten, sie seien nur auf militärisch wichtige Ziele gerichtet. Diese amtliche britische Erklärung ist eine der schamlosesten Lügen, die englische Heuchelei jemals ausgesprochen hat. Die Angriffe der britischen Mordbrenner auf Deutschland richteten sich tatsächlich fast ausnahmslos gegen die Wohnstätten der Zivilbevölkerung, gegen Frauen und Kinder, gegen Krankenhäuser, Schulen, Kirchen und die Kulturdenkmäler, die der gesamten Menschheit bislang als heilig und unverletzlich galten. Nachfolgende Zusammenstellung der wesentlichsten Zerstörungen innerhalb des Reichsgebietes beweist unwiderleglich die verbrecherische Absicht der britisch-amerikanischen Mordkommandos und ihrer jüdischen Auftraggeber.

. . . . . . *)

Diese keineswegs vollständige Zusammenstellung gemeinster Bombenverbrechen und kulturschänderischer Untaten gibt einen Begriff davon, was dem europäischen Menschen und seiner Kultur erst bevorstehen würde, wenn die englisch-amerikanisch-bolschewistischen Barbarenhorden, getrieben von ihren jüdischen Hintermännern, über das Abendland hereinbrechen könnten und sich auf dem Kontinent die Hand reichen würden. Aber an dem entschlossenen Kampfeswillen und der geballten Kraft Deutschlands und seiner Verbündeten wird dieser Anschlag auf das Leben und die Kultur der europäischen Völker zerschellen. Für die Verbrechen, die sie an Europa begangen haben und weiterhin begehen, werden sie büßen müssen, wenn die Stunde der Abrechnung gekommen ist. Auge um Auge, Zahn um Zahn wird ihnen vergolten werden! Und vor dieser gerechten Strafe wird sie kein noch so frecher Versuch der Ableugnung ihrer Verantwortung zu retten vermögen.

---

*) Die Verlautbarung bringt an dieser Stelle Einzelheiten über die zerstörten und schwerbeschädigten Schulen, Krankenhäuser, Kirchen und Kulturdenkmäler in Deutschlands größten Städten.

Inhaltsverzeichnis